Armin Steinmeier

Crazy World
EU, Klima
& sonstige Katastrophen

W0247460

Armin Steinmeier

Crazy World
EU, Klima
& sonstige Katastrophen

Herausgeber:
WPR Wirtschafts- und Verbands-PR GmbH

1. Auflage April 2022

Alle Rechte bei:
WPR Wirtschafts- und Verbands-PR GmbH
Beethovenstraße 60 · 22083 Hamburg
Telefon: 040 – 298 10 390 · Telefax: 040 – 298 22 240

Druck:
SZ-Druck & Verlagsservice GmbH
Urbacher Straße 10, 53842 Troisdorf

Gestaltung des Umschlags:
Murat Temeltas

ISBN: 978-3-910087-26-2

Inhaltsverzeichnis

Vorwort

Was ist gerade los in dieser Welt?

Viele Menschen können nicht mehr einordnen, was hier gerade vor sich geht. Gibt es überhaupt noch einen Virus, der der Menschheit schaden könnte, und was hat es mit den weltweit massiven Todesfällen und gesundheitlichen Schädigungen auf sich? Gibt es eine ganz andere Agenda? Gibt es Eliten, die uns Menschen immer mehr von sich abhängig machen wollen und einer Übervölkerung das Wort reden? Könnte es sein, dass es Unternehmer und Politiker gibt, die mit Masken und Impfungen auf Kosten der Steuerzahler viel Geld verdienen? Könnte es sein, dass nicht vom Bürger eines Landes gewählte Menschen, die für uns sprechen sollten, gar nicht die Richtigen sind? Dass sie nicht aus reinem Herzen und Vernunft unbeeinflusst entscheiden, um nicht zu sagen, gekauft oder in die eigene Tasche handeln?

Offenbar steht unser ganzer Planet vor ernsthaften, von Menschen verursachten Problemen. Klimakatastrophen, Umweltzerstörung und Wirtschaftskrisen sind dafür nur Beispiele. Die Lage ist so bedrohlich, dass mancher die Beschäftigung mit Glaubensfragen als etwas Nebensächliches abtut. Doch ist es wirklich sinnvoll, sich auf die Rettung dieses Planeten zu konzentrieren statt auf den allmächtigen Schöpfer des Kosmos? In der Bibel sagt er uns: *»Eure Sünden halten das Gute von euch fern« (nach Jeremia 5,25). Unsere Sünden vor ihm zu erkennen und zu bekennen ist der erste konkrete Schritt, um das Problem zu lösen. Doch bestimmte Menschen wollen davon nichts wissen.*

Menschen haben einen freien Willen …
und machen Fehler

Könnte es sein, dass es Kräfte gibt, die der Globalisierung das Wort reden, weil sie ganz andere Ziele haben und deshalb freie Staaten gar nicht wollen? Den Mittelstand als freies Unternehmertum abschaffen möchten unter dem Motto: Wozu brauchen wir überhaupt freie Unternehmer? Können die notwendigen Bedürfnisse der Menschen und die Menschen selbst nicht einfach zentral gesteuert (und kontrolliert) werden? Gesteuert und kontrolliert von einer kleinen Gruppe machtsüchtiger Menschen mittels digitaler Intelligenz und durch Chip-Implantat? Genauso wie eine Preissteuerung mit Mindestpreisrichtlinien, die es Einzelhändlern verbieten, Preise unterhalb eines bestimmten, vom Anbieter festgelegten Betrags zu bewerben, wie bei der EU bereits im Gespräch? [1]

Ja, das könnte sein … und noch viel mehr. Viele Anzeichen deuten darauf hin und bestätigen: Die Bibel hat doch recht! Ob es jemand hören will oder nicht. Niemand kann allen Ernstes die in der Bibel beschriebenen Anzeichen im Vergleich zur Entwicklung übersehen. Und ich werde hier darauf eingehen. Was zur Frage führt: Können wir nicht wenigstens einmal so tun, als wären wir ein ganz normales Volk in der Völkergemeinschaft? Mit christlichen Wurzeln, einer eigenen Kultur und Intelligenz? Müssen wir uns ständig um alles Mögliche kümmern, uns „selbstlos" einbringend, die eigene Bevölkerung, Traditionen und Kultur dabei vergessend, allem Fremden tief gebeugt in ewiger Scham und Schande begegnend? Und dabei, Gottes Wort missachtend, uns im Größenwahn über seine ewig gültigen Gesetze erheben?

---

1 EU-Leitlinien für vertikale Beschränkungen: ec.europa.eu/germany/news/20210709-vertikal-leitlinien_de

EU / Corona / Klima – gibt es einen Zusammenhang?

Einen Zusammenhang insofern auf jeden Fall, indem Deutschland als Zahlmeister der EU einen Großteil der Schulden übernimmt.

Das Corona-Hilfspaket, das faktisch eine vertragswidrige Schuldenfinanzierung auf EU-Ebene festschreibt, ist ein weiterer Vermögenstransfer ins Ausland. Das Konstrukt ist intransparent und könnte dank des »Kleingedruckten« noch böse Überraschungen für den deutschen Steuerzahler in sich bergen (JF 18/21). Wenn man die Höhe der deutschen Nettobelastung unter Berücksichtigung der direkten Schenkungen an die Nachbarländer, des Rückflusses von Geldern nach Deutschland sowie der optimistischen Annahme ausbleibender Zahlungsausfälle unter den EU-Nachbarn berechnet, so kommt man auf eine Verschiebemasse von circa 330 Milliarden Euro.

Die Kosten der sogenannten Energiewende sind ebenfalls gigantisch, der Nutzen zweifelhaft. Die Schätzungen hängen sehr stark davon ab, wie weit der prognostizierte Zeithorizont reicht. So erwartet die Monopolkommission bis 2025 Kosten von 520 Milliarden Euro. Im Hinblick auf den Zeitraum bis 2030 nannte der ehemalige Wirtschaftsminister Peter Altmaier in einem FAZ-Interview Kosten von einer Billion Euro. Auf der Basis makroökonomischer Modelle beziffert der dänische Forscher Björn Lomborg die jährlichen Durchschnittskosten auf 43 Milliarden Euro. Rechnet man dies auf 20, 30 Jahre hoch, dann kommt man in etwa auf die Altmaier-Billion. Dafür »gewinnen« wir laut Lomborg eine Hinauszögerung der Erderwärmung um weniger als 18 Tage (!!)

Der Physiker Joachim Lüdecke beziffert die Gesamtkosten schon zum Jahr 2022 auf über 1,2 Billionen Euro; in Langzeitprognosen wie der im JF-TV-Dokumentarfilm »Mythos Klimawende« von Marco Pino werden Größenordnungen von 6,7 Billionen Euro aufgerufen (JF 32/21). Da durch politische Eingriffe diese Summe in einem solch langen Zeitraum korrigiert werden kann, wollen wir uns auf die kürzere Sicht fokussieren und halten eine Zahl von 1,1 bis 1,2 Billionen Euro für durchaus realistisch.

Im nächsten EU-Haushalt übernimmt Deutschland fast im Alleingang die durch den Brexit entfallenden Zahlungen; daraus errechnen sich Bruttozahlungen von insgesamt rund 300 Milliarden Euro in den nächsten sieben Jahren; netto rechnen wir mit einer Belastung von 210 Milliarden Euro. Alles zusammengenommen kostet uns das Abenteuer Europa rund 3,4 Billionen Euro.

Geld ist nicht alles

Die Einschätzung, es handele sich beim Corona-Regime und dem Klima-Unsinn um Maßnahmen, die zum Wohle der Volksgesundheit erlassen werden, befeuerte die geschürte Panik und verstärkte den Ruf bestimmter Kräfte nach einer vereinten Weltgemeinschaft.

Die Corona-Pandemie tauchte innerhalb weniger Wochen wie ein unvorhergesehener Meteor aus heiterem Himmel auf, nachdem Laborversuche schon seit 2013 (!!) in Wuhan liefen. Führende Politiker der Welt sahen diese missliche Lage als eine goldene Gelegenheit, um Aufrufe zur globalen Einheit zu starten. Dabei wird immer mehr aufgedeckt, dass es sich um eine geplante Pandemie handelt, die Fakten ignoriert und bewusst Ängste schürt. Eine geplante Pandemie, die groß genug ist, um einen solchen Zusammenschluss der Nationen zu fordern und weitere Maßnahmen gegen die Freiheitsrechte der Menschen auch im Zusammenhang mit der Klimahysterie weiter einzuführen.

Gerade beim Thema Klima trifft die traurige Erkenntnis zu, dass es eine gesteuerte Hysterie ist und es massiv an Wissen mangelt.

Klimaschwankungen und deren Auswirkungen auf die Temperatur der Erdatmosphäre sowie den Meeresspiegel sind etwas Natürliches. Dazu muss man sich die Ursachen und Prozesse aus geologischer, archäologischer und astrophysikalischer Sicht ansehen. Dabei wird deutlich, dass überaus komplexe astrophysikalische Wirkmechanismen die Klimaschwankungen in periodisch wiederkehrenden lang- und kurzfristigen Zeitabständen hervorrufen, ohne dass der Mensch dies in irgendeiner Weise beeinflussen kann, auch nicht durch einen erhöhten oder reduzierten anthropogenen CO_2-Eintrag.

Buch: Der natürliche Klimawandel – Fakten aus geologischer, archäologischer und astrophysikalischer Sicht von Stefan Uhlig (Empfehlung JF) 24,90 Euro.

Unabhängig davon, dass Deutschland in seinem Größenwahn wieder mal die Welt rettet, weil ja CO_2 an den Grenzen halt macht. Wobei China und andere Ostländer massiv mit Kohle- und Atomkraftwerken aufrüsten und wir dann bei Windflauten teuer Strom von dort zukaufen.

Geht es um den geistigen Missbrauch von Kindern und Jugendlichen, haben die Grünen eine Perfektion erreicht, die man sich nicht vorstellen konnte. Dabei ist ihnen jedes Mittel recht, vor allem Panikmache und völlig überzogene

Untergangsszenarien, die mit Niedermachen von Anders-
denkenden einhergehen. So werden Freiheit und Markt-
wirtschaft immer weiter zurückgedrängt, was zwangsläu-
fig zum wirtschaftlichen Niedergang führt. Und alles
unter dem frommen Siegel der „Bewahrung der Natur".
(Peter Helmes)

Was ist der Ursprung dieser Entwicklung?
Erinnern wir uns: Wie im Märchen »Das Mädchen mit
den Schwefelhölzern« sitzt ein schulpflichtiger Teenager
mit Krankheitssyndrom schulschwänzend mit einem Pla-
kat – werbewirksam von PR-Profis placiert? – Mitleid erre-
gend, auf dem Gehsteig in Stockholm und zeigt sich als
Klimaaktivistin. »Zufällig« kommt ein Medienmensch des
Weges, hält die Situation fotografisch fest und veröffent-
licht sie. Die plötzliche Bekanntheit ist wohl nicht »zufällig« entstanden. Anzunehmen ist, dass Greta Hilfe von
Profis hatte.

Der Kinderkreuzzug findet seinen Anfang
Die von ihr ausgelösten »Schulstreiks für das Klima« wuch-
sen zur wichtigen Jugend-Bewegung »Fridays for Future«.

Für Greta hat es sich gelohnt. Sie wird – medial gepuscht
– zum Klimagipfel der Vereinten Nationen eingeladen,
wozu sie die Anreise über den großen Teich werbewirksam
und aus Klimaschutzgründen emissionsfrei mit der Hoch-
seeyacht »Malizia II« vornimmt. Die Rückreise dann allerdings doch mit dem Flugzeug, weil der Segeltörn zu
anstrengend für das Kind war.

Angekommen, tauscht sie die Rollen, indem sie die Mächtigen wie Schulkinder abkanzelt, weil der Untergang durch
den Klimawandel ignoriert wird und damit die Zukunft

ihrer und folgender Generationen gefährdet ist. Gelohnt hat sich das Engagement auch aus finanzieller Sicht. Ihr Vermögen wird von seriösen Quellen auf rund zwei Millionen Euro (Stand 2021) geschätzt.

Ein ökologischer und ökonomischer Trugschluss, geschürt von Grünen mit unsinnigen Maßnahmen, der den Namen Hysterie mehr als verdient, weil folgende Fakten ignoriert werden:

(von Dipl.-Ing. Peter Dietze) Unsere Luft besteht aufgerundet aus 78 % Stickstoff, 21 % Sauerstoff, 1 % Edelgas und jetzt kommt`s, 0,038 % CO_2. Davon produziert die Natur selbst 96 %, den Rest, also sage und schreibe 4 %, der Mensch. Das sind 4 % von 0,038 %. Also 0,00152 %. Der Anteil von Deutschland beträgt hierbei 3,1 %. Somit beeinflusst Deutschland nur um 0,00004712 % das CO_2 in der Luft. Das interessiert die Grünen aber nicht, denn die Hysterie ist ihnen zur Angstschürung und Manipulation zwecks Wählergewinnung nützlich. Dass dabei Industrien zerstört werden und viele Bürger die geplanten baulichen Maßnahmen finanziell nicht stemmen können, interessiert nicht.

Damit wollen unsere superklugen, faktenfremden Grünen die Führungsrolle in der Welt übernehmen, was uns jährlich etwa 50 Milliarden Euro kosten wird. Fünfzig (!!) Milliarden an Steuern und Belastungen. Einfach mal darüber nachdenken, liebe Politiker und Wähler! Wenigstens Ihr Politiker, die ihr jetzt verdientermaßen 4 Jahre Zeit dazu habt, um euch zu regenerieren um dann im Sinne der Wähler offen und ehrlich zu handeln. Vielleicht wären die Schwarzen noch am Ruder, wenn sie mit vernünftigen Argumenten dem Hype gegengesteuert hätten, anstatt dem manipulierten Kindergarten FFF, Greta und Merkel, dienerisch nachzulaufen.

Der Klimawandel stellt weniger ein Umweltproblem als vielmehr ein politisches Problem dar.

Inzwischen stellt sich auch die Manipulation bei Covid immer mehr heraus, und Gedanken sind nicht von der Hand zu weisen, dass es dem gewollten Ziel bestimmter Kräfte dient, das drastische Wachstum der Weltbevölkerung einzudämmen.

Impfstoffe werden unverantwortlich verharmlost, warnen verantwortungsbewusste Wissenschaftler
(www.medinside.ch/de/post/...)

Die Gefährlichkeit des Virus hingegen dramatisiert, dabei unterschlagend, dass der Mensch eine Vielzahl von Bakterien und Viren ständig aufnimmt und im Körper trägt. Die er gar nicht mitbekommt, weil als Polizei ein gesundes Abwehrsystem wacht und eingreift, so dass keine Auswirkungen zu spüren sind oder durch eine »normale« Behandlung wie bei einem grippalen Effekt wieder in den Griff zu bekommen sind und trotzdem jedes Jahr wieder Menschen plagen. Die statistischen Zahlen zu Grippetoten der letzten Jahre gegenüber Coronatoten werden je nach Interessenlage unterschiedlich dokumentiert, wobei sich die Frage stellt, ob die Zuordnung und damit Meldungen durch Kliniken den Tatsachen entsprechen. Die Zuordnung zu Corona (auf Befehl von wem?) wurde mehrmals kritisiert. Fakt ist, dass ein zu niedriger Wert an Vitamin D3 eine Rolle spielt, weil dadurch die Abwehrkräfte geschwächt sind. Doch davon wollen Ferngesteuerte und ein Herr Spahn, der als Bankkaufmann den Gesundheitsminister spielen durfte, nichts wissen.

Andererseits: Werden Schutzmaßnahmen mit Masken oder Quarantäne gegen Grippe verordnet? Auf den

D3-Spiegel als wichtiges Indiz hingewiesen? Sinnvolle Medikamente wie Ivermectin präferiert? Lautes Schweigen dazu.

Liegen die Gründe für das Hochspielen von Corona im Zusammenhang mit der ständig wachsenden Weltbevölkerung? Warum sonst bleiben im Zuge der mit Druck ausgeführten globalen Impfkampagnen andere wirksame Behandlungen gegen Covid-19 politisch unerwähnt? Wie sonst ist die Äußerung von Karl Lauterbach (SPD) zu verstehen, wenn er sagt: »Die Wahrheit führt in sehr vielen Fällen zum politischen Tod.«
https://t.me/Kampf_fuer_unsere_Zukunft (auf Telegram)

Am 19. August 2021 hatte der Film »Plandemic: Indoctornation« Weltpremiere und erreichte in kürzester Zeit ein Millionenpublikum – aber auch eine bestens organisierte Gegnerschaft. Facebook z. B. aktivierte sofort einen Algorithmus, der das Teilen des Films verhinderte.

»Plandemic Indoctornation« zeigt überzeugend und mit wasserdichten Quellen, dass seit mindestens 2002 am Coronavirus als Geschäftsmodell für die Pharmaindustrie und Auslöser einer Pandemie gearbeitet wird. Seit 2007 verfügt die US-Seuchenschutzbehörde CDC sogar über ein Patent auf das Corona-Virus, was nichts anderes bedeutet, als dass es gentechnisch verändert wurde, denn auf natürliche Organismen sind keine Patente möglich.

Der Film beleuchtet die Rollen der WHO, von Bill Gates, Tedros Adhanom, Anthony Fauci und anderen sowie der Tech-Giganten, Finanz-Konglomeraten und Mainstream-Medien.

Dazu wird eine einzigartige, 51 Seiten starke **Liste mit kommentierten Links** geliefert. Insgesamt eine der besten, aber auch beunruhigendsten Arbeiten zur Corona-Pandemie. Eine deutsche Version ist in Arbeit.

Hinter der Dokumentation steht ein Team rund um Mikki Willis, Autor des bis heute am weitesten verbreiteten, aber auch am heftigsten bekämpften Dokumentarfilms.
https://plandemicseries.com
https://www.imdb.com/title/tt12745644/

Die Auswirkungen der politischen »Elite« sind spürbar: Eine Bevormundung der Bürger, gegen jede Vernunft, durch eine bestimmende Minderheit, die das Sagen hat. In Bezug auf die Corona-Impfung (wir steuern auf die vierte zu) werden Menschen zu Versuchskaninchen degradiert. Und es soll so weitergehen. »Der Mensch kommt unfertig zur Welt – und wird dann von den Mitmenschen fertiggemacht…«
Readers Digest, Oktober 2008, S. 21

Der Globalismus-Virus EU

Parallelen sind bei der Entwicklung der EU feststellbar. Ein Globalismus-Virus macht sich breit mit Auswirkungen, schlimmer als Corona. Beide Viren sind künstlich hochgepuscht von Kräften, die es nicht gut mit uns meinen.

»Immer wieder fällt auf, dass wir in einem tief kranken Land leben … In einer Landschaft der Lüge. Und es gibt Menschen jeder Bildungsstufe, die lügen bis zum Letzten«
Joachim Gauck (Moyo Film – Videoproduktion)

Das machiavellistische System, in dem wir heute leben, wird in den Massenmedien als die »freiheitlichste und fortschrittlichste gesellschaftliche Übereinkunft« glorifiziert, die wir uns überhaupt vorstellen können. Dabei entspricht nicht ein einziges Wort der Wahrheit, was die moderne Priesterklasse hierzu predigt.

Viele Menschen merken zunehmend, dass wir es mit einer modernen Form der Sklaverei zu tun haben, in der die individuelle Ausbeutung durch ein modernes und perfektioniertes Wegelagerer-System erfolgt, welches zudem alle Merkmale einer Steuertyrannei aufweist, worin das Parlament und sein aufgeblähter Wasserkopf an Bediensteten, der jetzt noch größer wird, in einer pervertierten »Robin Hood – Situation die Bürge(n)r praktisch für vogelfrei erklärt hat.

Dabei werden die Auszupressenden nur noch als Melkkühe betrachtet, die es nach allen Regeln der Kunst zu belügen und auszubeuten gilt. Dazu erfinden Systempropagandisten Zwangssteuern wie Rundfunkgebühren,

EEG-Abgabe, Doppelbesteuerung des bereits versteuerten Einkommens durch Erbschaftssteuer, die nach eigenem Gutdünken häufig für Dinge verwendet werden, die dem Bürger nicht am Herzen liegen.
Compact Magazin August 2021

Für die herrschende Klasse sind die Bürger allem Anschein nach Nutztiere, die man melken und beherrschen kann. Unter diesem Modell ist er »Leibeigener«, der zwar wählen darf, aber nicht weiß, welche Koalitionen zwecks Machterhalt dann geschmiedet werden. So wird der Wählerwunsch verwässert, ja zum Einheitsbrei.

Mafiaähnliche Strukturen nehmen Formen an, weil der Ausgepresste unter dem Vorwand des Schutzes voll ausgeliefert ist. Man kann die Steuer auch Schutzgelderpressung nennen. Der Staat sorgt und denkt für die Menschen und lenkt sie mit immer neuen Gesetzen. Da bleiben Grundrechte schon mal auf der Strecke, wie bei den Corona-Maßnahmen ersichtlich. Die Menschen glauben, sie wären frei, dürften selbst denken und ihre Grundrechte schützen sie. Aber ist das so, oder sind wir nur dazu da, bevormundet und ausgebeutet zu werden? Interessieren Grundrechte dazu immer?

Wenn die »Herde« (Dostojewski) anwächst (Bevölkerungswachstum), wächst auch die Zahl der Tierhalter (WEF), deren Endziel die neue Weltordnung ist. Es geht ihnen nicht um mehr Demokratie und Freiheit, sondern um die Macht als Sklavenhalter gegenüber uns Abhängigen. Dabei wird in einer Art kollektiven Größenwahns das Falsche getan. Mit dem Geld der entmündigten Mitgliedsländer »kaufen« sie Staaten hinzu, deren frisierte Bilanzen darüber hinwegtäuschen, dass sie kurz vor der Pleite stehen. Riesenzahlungen der Gemeinschaft zum Aufpäppeln sind die Folge, vornehmlich von Deutschland. Wobei beim Durchschnittseinkommen der Bürger Deutschlands an fünfter Stelle liegt und auch das Renteneintrittsalter teilweise höher ist.

Überblick: Rentenalter in den 27 EU-Staaten (t-online.de)

Das ganze System ist voller Metastasen und zu einem tödlichen Krebsgeschwür geworden.

Wenn wir unser Dasein als Tierhaltung erkennen und nur Futter für die Mächtigen sind, ist das der erste Schritt zur Erkenntnis, dass sich Gravierendes ändern muss.

Jeder kann entscheiden: Will er im dunklen Kuhstall stehen, um gemolken und geschlachtet zu werden, wenn er nicht mehr genug Milch produziert. Oder wollen wir das Leben genießen, unabhängig und frei sein? Dann erfordert das Konsequenzen, genauso wie gegen den wissenschaftlich nicht begründbaren Irrsinn an kostspieligen Klimamaßnahmen als Menschen verführendes Steckenpferd der Grünen.

Dunkelheit verbinden wir mit Schrecken und Ungewissheit. Licht hingegen mit Orientierung. Darauf spielt Jesus Christus an, wenn er sein Kommen in diese Welt als Licht beschreibt, das in der Dunkelheit scheint. Warum aber Dunkelheit? Gab es nicht genügend »Erleuchtete«, die uns auf den Pfad ihrer Religion ziehen wollen? Schon, aber keiner von ihnen hat beispielsweise Feindesliebe so konsequent gelebt und gelehrt wie der Sohn Gottes, der geboren wurde, um für uns zu sterben. Das Leben von Jesus reflektiert einen Gott, der voller Erbarmen ist. Er bietet uns Frieden an – zuerst mit ihm und dann auch untereinander!

Hören die Menschen auf sein Wort?

Beileibe nicht, denn es ist nicht zu glauben und manchmal schwer zu ertragen, was sich in dieser Crazy World so alles zuträgt. Der Titel wurde nicht umsonst so gewählt. Vertiefende Einblicke geben die Anhänge. Sie sollen zur Besinnung aufrütteln und Hoffnung wecken, dass doch noch Vernunft einkehrt. *»Prüft alles sorgfältig und behaltet nur das Gute. Das Böse aber – ganz gleich in welcher Form – meidet wie die Pest«* lesen wir in 1. Thes 5,21.

Was im kleineren Rahmen, der Länder, funktioniert, soll auch im Großen Praxis werden. Und damit sind wir beim Thema EU: Über Weltkrisen zum Weltriesen.

Drei Weltkrisenarten zwingen die Nationen zur Einheit: Die Umweltkrise, internationaler Terrorismus und Wirtschaftskrisen.

EU – Die vereinigten Staaten von Europa

Die Lüge beginnt beim Wort

Europa, was ist das eigentlich? Geografisch eine ganz eindeutige Sache, ein Erdteil, ein Kontinent. Und politisch? Politisch hört Europa an der russischen Grenze auf. Man hat sich zu einem Konstrukt mit Namen EU zusammengefunden, das Europa spaltet statt eint. Das sogar das Kunststück fertig bringt, das europäische Russland aus Europa zu verbannen und mit einem asiatischen Staat Türkei, dessen Präsident sich gerne am menschenverachtenden Koran orientiert, Beitrittsverhandlungen führt.

Die EU ist nicht Europa

Was den Menschen über Europa vorgegaukelt wird, ist verlogen und heuchlerisch. Eine Spielwiese machthungriger Globalisten und transatlantischer Strippenzieher ohne demokratische Legitimation, die den Kontinent mit Migranten zwecks Umvolkung (ein böses Wort) füllen wollen.

Das Verwerfliche ist, dass man die Menschen mittels Phrasen zu einer Wahl für ein Scheinparlament lockt, wobei das Ergebnis in undemokratischer Weise gegen den Bürger verwendet wird, egal wie es ausgeht. Charles de Gaulle sagte: »Da ein Politiker nie glaubt, was er sagt, überrascht es ihn doch sehr, wenn man ihn beim Wort nimmt«.

Wie in einer Geisterbahn weiß man nie, welche Horrorgestalten mit Globalisierungsvorstellungen und Machtgelüsten um die nächste Ecke kommen. Auch wenn das Personal immer wieder ausgetauscht wird; es wird re**GIER**t, eher schlecht als recht. Versager haben die Macht.

Beispiel Ursula von der Leyen
Manipulationen wie bei der Ernennung einer in deutschen Ministerien als Fehlbesetzung und Versagerin zu Bezeichnende, die man an die Spitze hievte, werden als normal gesehen. Eine Präsidentin, die seitdem ihre Muttersprache Deutsch vergessen hat und fast nur noch in Englisch und Französisch brilliert, seit sie im Olymp angekommen ist. Sie verdient eine ausführlichere Erwähnung.

Mit der Entscheidung für diese Frau wandte sich der Europäische Rat klar gegen das vor den EU-Wahlen vereinbarte demokratische Spitzenkandidatenmodell und damit tatsächlich auch gegen die Mehrheit der europäischen Bevölkerung, bzw. der 50,9 Prozent aktiven Wähler in der EU, die mit der Abgabe ihrer Stimmen indirekt auch für das Spitzenkandidaten-Modell eingetreten waren. Frau von der Leyen – nennen wir sie vdL – kandidierte ja bekanntterweise bei der EU-Wahl weder für das Europaparlament noch für irgendeine andere Führungsposition auf EU-Ebene. Konsequenzen? Natürlich keine, genauso, als Frau Merkel eigenmächtig aus »moralischen Gründen« gegen das Dublin-Abkommen verstieß und die Flutung Deutschlands mit Flüchtlingen 2015 zuließ. Wird diese Frau jemals zur Rechenschaft gezogen? Ihr größter »Verdienst« die mit Start 2015 in die Tat umgesetzte muslimische Willkommenskultur, die, in der Regel mit einem antiisraelischen Chip im Kopf ausgestattet, angeliefert wird – und die alljährlich zum Al-Quds-Tag in der westlichen City Berlins aufmarschiert.

Ja, die Lüge beginnt beim Wort. Die Wahlen zum EU-Parlament seien wie nie zuvor »Schicksalswahlen«, betonten alle Parteien, außer der AfD. Merkel schwadronierte: »Stirbt der Euro, stirbt die EU«. Ist das so und wäre das ein Verlust, so wie sich die EU entwickelt hat? Darüber soll diese Schrift zum Nachdenken anregen. Merkel sagte auch einmal: »…dann ist Deutschland nicht mehr mein Land.« Genau betrachtet war es auch noch nie ihr Land! Deshalb wollte sie es zum Land ihrer Gesinnung machen, was ihr teilweise auch gelungen ist. Sie verabschiedete sich mit einem Grinsen, das durchaus als Schadenfreude eingeordnet werden kann. Und jetzt verabschiedet sie sich auch noch rund um den Globus und verbrennt damit sinnfrei Steuergelder, die dringend zur Reparatur ihrer Entscheidungen und versäumte soziale Maßnahmen benötigt werden.

Zur Erinnerung

Der frühere EU-Kommissionspräsident José Manuel Barroso sagte: »Manchmal vergleiche ich die EU als eine Schöpfung für die Organisation des Reichs. Wir haben die Dimension des Reichs.«

Der Bau seines »Reichs« begann nach dem Zweiten Weltkrieg, als die USA die westlichen Länder ermutigte, wirtschaftlich und politisch näher zusammenzuarbeiten, um zukünftig europäische Kriege zu verhindern, um so als Bollwerk gegen die kommunistischen Sowjetländer zu wirken und eine wirtschaftliche Grundlage für das NATO-Bündnis zu bilden.

Ein Prozess, der 1951 mit der Europäischen Gemeinschaft für Kohle und Stahl begann und sich zu den Römischen Verträgen 1957 entwickelte, welche zur Europäischen Wirtschaftsgemeinschaft (EWG) mit den sechs Ländern Frankreich, Deutschland, Italien, Belgien, Holland und Luxemburg führten. Als Grundlage für eine immer engere Einheit unter den Völkern Europas, was in der Zukunft verantwortungslos ausferte. Teilweise ohne Einhaltung der vorgegebenen Kopenhagener Kriterien für eine Aufnahme. Drei durch die Staaten zu erfüllende Kriterien, die auch als übergeordnete Kriterien dargestellt werden: das »politische Kriterium«, das »wirtschaftliche Kriterium« und das »Acquis-Kriterium« (Wahrung der Menschenrechte).

Geschätzt befinden sich inzwischen ca. 500 Millionen Menschen unter einer einzigen Regierung, die sich Europäische Union nennt, mit Hauptquartier in Brüssel. (Rom als Hauptsitz Satans wäre passender). Die immer mehr

Macht an sich reißt, wobei die staatliche Souveränität der Länder unterhöhlt wird und Gesetze von einer in Brüssel zentralisierten Bürokratie kommen. Nichtgehorchen eines einzelnen Staates hat hohe Bußen zur Folge.

Die ursprünglichen Ziele wurden ausgehebelt
Eigentlich ging es um die Frage, wie die Staaten Europas unter Wahrung ihres Selbstbestimmungsrechtes friedlich und zum Wohl aller in wichtigen Fragen zusammenarbeiten können und nicht um eine Bevormundung. Also um die künftige Gestaltung dieser Zusammenarbeit der EU-Mitgliedsstaaten. Für ein geeintes Europa freier, souveräner Staaten!

Ein geeintes Europa freier Völker war von den Gründungsmitgliedern der EU seinerzeit aber nie gewollt

Gewollt war nur ein westliches Wirtschafts- und Politikkonstrukt, das neben der NATO dem Ostblock Paroli bieten und als amerikanischer Vorposten agieren sollte. Spätestens mit dem Vertrag von Maastricht am 7. Februar 1992 hätte nach dem Fall des Eisernen Vorhangs ein gesamteuropäischer Wirtschaftsraum autonomer Völker geschaffen werden können. Losgelöst von den Fesseln einer einheitlichen Währung und einer zentralistischen Gesetzgebung. Ein Europa der Völker in Frieden, Freiheit und wirtschaftlichem Wohlstand. Dafür zu kämpfen, lohnte sich!

Was ist daraus geworden?

Ein Moloch und diktatorisches Zentralkomitee nach sowjetischem Vorbild!
Nicht Freiheit, Selbstverantwortung und fairer Wettbewerb sind heute die Grundlage der EU, sondern Umverteilung, Regulierungswut und Kompetenzanmaßung. *(ehem. Bundespräsident Horst Köhler).*

EU-Mitgliedschaft bedeutet: Jedes nationale Gesetz, das ein nationales »allgemeines Gut« im wirtschaftlichen Bereich geltend machen möchte, muss dem supranationalen EU-Gesetz den Vorrang geben. Gleichbedeutend einer Entmachtung nationalstaatlicher Rechte! Nach dem Vorbild eines kommunistischen Systems. Beherrscht von einer Führungsriege, mittlerweile so total wie einst der Adel über seine Untertanen. Allerdings mit dem Unterschied, dass vieles subtiler abläuft, ohne die Hunderte Millionen Opfer Andersdenkender. Schließlich soll ein demokratisches, christliches Weltbild nach außen für die Herde der Schafe aufrecht erhalten bleiben.

Zu Marx` Zeiten im Kommunismus war der Leitgedanke, die Menschen in zwei ungleiche Teile zu spalten: *»Ein Zehntel erhält die persönliche Freiheit und unbeschränkte Gewalt über die anderen neun Zehntel. Diese müssen ihre Persönlichkeit verlieren und zu einer Art Herde werden.«* (Dostojewski, The Demons, Bd. 10, S. 312)

Dazu muss alles infiltriert werden, die oberen und unteren Klassen … die Kirchen … die Literatur. Kirchen, die immer mehr von Gottes Wort abweichen; Oberste Richter, die Entscheidungen gegen das Grundgesetz treffen; Amtsrichter, die muslimische Verbrecher freisprechen, weil sie die Clans fürchten; Staatsanwälte, die davor zittern, vor Gericht nicht als liberal genug zu gelten. Wie steht es damit in der EU?

So ein Apparat kostet Geld, viel Geld

Finanziell ist die EU ein Faß ohne Boden:

- 50.000 Beamte und Angestellte der EU verursachen Personalkosten von über acht Milliarden Euro.
- 42 EU-Agenturen mit einer nicht veröffentlichten Zahl von Mitarbeitern und Heerscharen von Dienstleistern komplettieren den bürokratischen Wasserkopf.
- Tausende EU-Beamte bekommen ein höheres Gehalt als die deutsche Bundeskanzlerin.
- 5.100 festangestellte und freie Dolmetscher versuchen das Brüsseler Sprach-Babylon zu entwirren.
- Einmal im Monat bricht der Brüsseler Wanderzirkus (Europaparlament, wo die Ausschusssitzungen und die Alltagsarbeit stattfinden) zur Plenarwoche nach Straßburg auf. 705 Mitglieder des europäischen Parlaments mit Sack und Pack, mit Assistenten, Sekretärinnen, Chauffeuren und tonnenweise Akten. Bereits am Freitag verpacken die Parlamentarier ihre Unterlagen in Reisekisten und schicken sie in ihre Zweitbüros nach Straßburg. Die Abgeordneten folgen dann am Montag, meist per Flugzeug. Für die Bequemlichkeit ist in Straßburg auch gesorgt – ein Autokorso der Fahrbereitschaft aus Brüssel macht sich auf den Weg, um die Abgeordneten in gewohnter Qualität durch Straßburg zu chauffieren. Geschätzte Gesamtkosten dieses Wanderzirkus': etwa 200 Millionen Euro. Die vier Gebäude in Straßburg werden nur rund 50 Tage im Jahr genutzt. Die restliche Zeit werden sie beheizt und bewacht – sonst nichts. Nur ein EU-Wahnsinn von vielen.

Alles Geld, für das die Steuerzahler der Mitgliedsländer aufkommen müssen. Und der Nutzen? Die Soll- und Haben-Bilanz geht nicht auf.

36 Millionen Euro netto pro Tag an die EU

Deutschland ist innerhalb der EU der größte Nettozahler mit rund 13 Milliarden Euro pro Jahr und zahlt damit 13 Milliarden mehr an die EU, als von der EU nach Deutschland zurückfließen. (Nationaler Beitrag 2019 gesamt 25,82 Milliarden; Frankreich an 2. Stelle 21,01 und Italien an 3. Stelle 14,96 Milliarden. Eine gigantische Summe.
Quelle: Europäische Kommission, Okt. 2020

Zum besseren Verständnis: 13 Milliarden pro Jahr bedeuten knapp 36 Millionen pro Tag oder über eine Milliarde pro Monat. Für diese Summe müssen 2,16 Millionen Arbeitnehmer jeden Monat 500 Euro Steuern zahlen.

Dafür ließen sich 67.000 Sozialwohnungen á 80 qm bauen, das Rentensystem verbessern oder die Arbeitskräfte in Sozialbereichen wie Krankenhäusern und Altenheimen fair bezahlen.

In Zukunft 45 Milliarden Euro jährlich für die EU?

Durch Inflation, erwartete Mehrausgaben und dem Austritt Großbritanniens aus der EU soll der Beitrag Deutschlands zum EU-Haushalt um 15 Milliarden Euro brutto auf 45 !! Milliarden steigen – bei voraussichtlich noch weniger Rückzahlungen als bisher.

Im Gegensatz zu anderen EU-Ländern, die sich gegen ihre jeweiligen Erhöhungen vehement wehren, sei dies für die bundesrepublikanische Politik kein Thema, dränge aber für die Zukunft auf Kostendisziplin, war von unserem Finanzminister zu vernehmen. Natürlich für die eigene Bevölkerung.

Über 50 Milliarden jährlich für Zuwanderer

Ein vergleichbar hoher jährlicher zusätzlicher Zahlungsposten in der Größenordnung einer Großstadt ist inzwischen für den weiterhin anhaltenden Migrationsstrom und Familiennachzug aufzubringen. Da fallen die rund 750.000 Euro Fördergelder für 2 Jahre für den in Deutschland tätigen (wo sonst?) Islam-Verein »Islamic Relief Germany« (IRD), zertifiziert von der EU als humanitärer Partner, nicht ins Gewicht.

Nun wurde der Verein erneut als »karitativ« bis 2027 eingestuft und wird in den Jahren 2021 bis 2027 weiterhin gefördert. Wie werden diese Gelder eingesetzt? »Die IRD überwies Millionen von Dollar an die Hamas, eine von der EU eingestufte Terrororganisation, die direkt für die Ermordung von Israelis verantwortlich ist, und half der Hamas bei der Errichtung ihrer Infrastruktur und dem Aufbau ihrer Macht«, teilte eine Sprecherin des israelischen Außenministeriums mit.
Welt 2.5.2021

Die Organisation gilt als dem radikalen Islam äußerst nahestehend. Die *Welt am Sonntag* hatte mitgeteilt, dass sie aufgrund der radikal-islamischen Strukturen die Zusammenarbeit mit dem Verein aussetzen werde. Die britische

Großbank HSBC gab im Jahr 2016 bekannt, ihre Zusammenarbeit mit Islamic Relief im Jahr 2014 beendet zu haben. Und selbst von der Regierung der Vereinigten Arabischen Emirate wird die vermeintliche Hilfsorganisation als Terrororganisation identifiziert. Die EU allerdings stört das alles nicht.

Bürgerbewegung PAX Europa, 1.9.21

Gottes Weisheit in der EU?

Welcher Geist herrscht in der EU? Salomo kam als erstes in den Sinn, dass er Weisheit brauchte, nicht Reichtum, denn er war sich seiner Unerfahrenheit und Unzulänglichkeit bewusst. So bat er Gott um Weisheit, das Volk Israel richtig führen zu können. Und Gott belohnte Salomo für diese demütige Bitte, denn es war dem HERRN wohlgefällig, dass Salomo um dies bat. *(1Kö 3,9-10)*

In der heutigen Zeit sieht das ganz anders aus, und die Ergebnisse sprechen für sich. Für viele ist Demokratie in Europa inzwischen zu einem Kurzwort für die politische Ohnmacht der Bürger geworden. Statt dass Brüssel den Glanz eines gemeinsamen europäischen Heims symbolisiert, steht die Hauptstadt der EU längst für die unkontrollierte Macht der Märkte und die zerstörerische Kraft der Globalisierung.

Wer sich an die legendären »Gurkenkrümmungsverordnung« und »Glühbirnenverbote« erinnert, dachte damals, irrer könne es nicht mehr werden. Weit gefehlt. Es wurde!

Lange vor Beginn der angeblich unvorhersehbaren sogenannten Flüchtlingskrise im Jahr 2015 erarbeitete die EU

Beratungspapiere und eine Studie, deren *Final report* **bereits im Juli 2010** verabschiedet wurde. Sinngemäß übersetzt: ***Studie über die Machbarkeit eines Mechanismus zur Umsiedlung von international Schutzsuchenden.***

In dieser Studie wurde abgeschätzt, wie viele Migranten die einzelnen EU-Länder in Zukunft wohl aufnehmen könnten.

Quelle: European Commission, Directorate-General Home Affairs, Final report, July 2010

Daraus ergibt sich für Deutschland mit damals rund 82,3 Millionen Einwohnern eine mögliche Kapazität von rund 274,5 !! (zweihundertvierundsiebzig!!) Millionen Menschen. Wir könnten also mehr als 192 Millionen »Schutzsuchende« (siehe Anhang »Genfer Flüchtlingskonvention«) aufnehmen!! Wo Infrastruktur dafür herkommen soll, Beschäftigungen, Steuereinnahmen? – geschenkt. Scheinbar gibt es tatsächlich Kräfte, die es nicht gut mit unserem Land meinen. In diesem Licht betrachtet wird auch verständlich, warum die GRÜNEN den Eigenheimbau unterbinden wollen, weil dieser zu flächenintensiv ist. Hofreiter: *»Die Menschen sollen sich mit weniger Wohnraum begnügen«.*

Ein perfider Plan der links-grünen Deutschlandhasser unter eifriger Mitwirkung der EU-Parlamentspräsidentin Ursula von der Leyen (vdL), unter deren Führung es immer dunkler um das Christentum in Europa wird. Christliche Politiker, die sich dem entgegenstellen wie Viktor Orbán in Ungarn, werden auf das Übelste beschimpft und mit der Kürzung von EU-Geldern bedroht. Es braucht das Gebet für die völlige christliche Einheit, sagt Orbán. Seine persönliche Verunglimpfung, die Strafandrohung und

Bevormundung ist eine Verhöhnung christlicher Werte durch eine Frau von der Leyen (CDU) als EU-Parlaments-präsidentin, die ihren unchristlichen Globalisierungs-traum auslebt. Nicht Herr Orbán verdient die Bezeich-nung »Schande«. Nicht Ungarn liegt falsch, sondern die EU unter Führung dieser Parlamentspräsidentin – allen voran Deutschland – mit einem unheilvollen und anti-christlichen Irrweg, den man getrost als schizophren und diabolisch bezeichnen kann.

Knechtschaft freier Staaten

Vertreter der Regierungen in Budapest und Warschau ver-gleichen den Staatenbund mit den ehemaligen sowjeti-schen Unterdrückern und drohen gar mit Austritt. Brüssel wolle Polen in die Knie zwingen, sagte Marek Suski, ein einflussreicher Abgeordneter der Regierungspartei PiS. Sein Land werde die »Brüsseler Besatzungsmacht« genauso bekämpfen, wie es in der Vergangenheit die Besatzer von Nazi-Deutschland und der Sowjetunion bekämpft habe. Gleichzeitig wies Premierminister Morawiecki auf ein äußerst gefährliches Phänomen hin, das die Zukunft unse-rer Union bedroht. »Ich meine damit die schrittweise Umwandlung der Union in ein Gebilde, das nicht mehr ein Bündnis freier, gleicher und souveräner Staaten ist, sondern ein einziger, zentral verwalteter Organismus, der von Institutionen geleitet wird, die der demokratischen Kontrolle durch die Bürger der europäischen Staaten ent-zogen sind.« EU-Kommissionspräsidentin vdL betonte hingegen, dass sämtliche EU-Rechte Vorrang vor nationa-lem Recht hätten, einschließlich verfassungsrechtlicher Bestimmungen. Orbán erinnerte, dass es »ein Leben außerhalb der Europäischen Union« gebe. Großbritannien hat es vorgemacht.

Was hat die ungarische Regierung eigentlich »verbrochen«? Sie hat ein Gesetz verabschiedet, wonach Kinder unter achtzehn Jahren weder durch Werbung noch durch Unterweisung für die Transgender- und Homosexuellen-Lobby gewonnen werden dürfen. Die LGBTIQ-Szene und deren Unterstützer drehten darauf durch. EU-Ratspräsidentin vdL nannte das Gesetz eine Diskriminierung von Menschen aufgrund ihrer sexuellen Orientierung und bezeichnete es als Schande. Der niederländische Premierminister Mark Rutte verlangte einen Ausschluss von Ungarn aus der EU. Während der Fußball-Europameisterschaft 2021 setzten Spieler »Zeichen« (ein selten dussliges Signal, das mit dem Hinknien – Black lives matter – seinen Höhepunkt gefunden hat), wenn man meint, für die Rechte bestimmter Kreise eintreten zu müssen, weil irgendjemand meint, dass diese verletzt wurden).

Kapitänsbinden in den LGBTIQ-Regenbogenfarben und -Fahnen sogar vor Rathäusern, und der ganze Westen echauffierte sich über Ungarn.

Dabei dürfte den Regenbogenfans vom einfachen Bürger bis zu hohen Politikern gar nicht bekannt sein, wofür er letztendlich steht. Der *Bogen, den ich in die Wolken setze,* wurde Noah von Gott als ein Zeichen gegeben, dass Er die Erde nicht noch einmal durch eine Flut vernichten würde (1. Mo 9,13-16). Er ist im christlichen Glauben ein Zeichen der Treue Gottes, die auch dieser Clique gilt, wenn sie umkehren und Gottes Wort folgten.

Entgegen der Propaganda, er wäre ein Symbol für Vielfalt, Respekt, Weltoffenheit, Toleranz, Selbstbestimmung und Freiheit, wird der Regenbogen für die Flagge einer äußerst intolerant und aggressiv auftretenden Bewegung missbraucht (auch noch mit Steuergeldern unterstützt), die das christliche Menschenbild auf den Kopf stellen will.

Diese unchristliche Bewegung steht nicht für einen gesellschaftlichen Fortschritt, sondern für einen Rückfall in die Zeit von Sodom und Gomorra. Einer radikalen Umgestaltung unserer christlich geprägten Gesellschaft. Zumindest so lange, bis der Islam wieder die Herrschaft über einen Teil Europas übernommen hat, was ihm, beginnend 632 n.Chr. über 467 Jahre bis zu den christlichen Kreuzzügen, gelungen ist. Heute allerdings mit friedlichen Mitteln der Migration und Geburtenentwicklung, was das unvermeidliche Ende für diese Fehlgeleiteten bedeutet. Der Koran besitzt dazu eine deutliche Sprache.

Dass in Ungarn weder Homosexuelle noch Transgender-Menschen strafrechtlich verfolgt werden, will man nicht zur Kenntnis nehmen. Das einzige, was der Staat vernünftiger Weise will: Seine Kinder vor der Indoktrinierung der LGBTQ-Lobby schützen. Der Sturm der Entrüstung, den Ungarn dadurch im Rest der westlichen Welt verursacht hat, zeigt wohl, wie notwendig dieser Selbstschutz vor der progressiven Propaganda war und ist.

Wie »unzensuriert« berichtete, werden durch den von der EU massiv angegriffenen Ministerpräsident Orbán umfassend junge Familien gefördert, denn die Homo-Ehe bedeutet automatisch weniger Kinder und damit einen weiteren Bevölkerungsrückgang. Im Gegensatz zur Forderung des Club of Rome. In seinem Bericht von 2016 fordert er eine Belohnung von kinderlosen Frauen von 80.000 Dollar zur Bremsung der Überbevölkerung (weil die Corona-Todesspritzen nicht annähernd ausreichen?), ein Eintrittsalter von 70 Jahren, eine Erbschaftssteuer von 100 (!) Prozent, eine Beschränkung des Außenhandels sowie eine globale CO_2-Steuer, was die Grünen gerne aufgegriffen haben.

Für eine von niedrigen Geburtenraten und Migration heimgesuchte Nation ist die Billigung der Schwulenkultur gleichbedeutend mit der Billigung des eigenen Verschwindens. Soweit denken diese Leute aber nicht.
Europadämmerung – Ein Essay von Ivan Krastev

Zu dieser Förderung gehört etwa ein zinsloses Darlehen in Höhe von 30.000 Euro, das ab drei Kindern komplett erlassen wird, oder eine lebenslange Befreiung der Einkommenssteuer für Frauen, die mindestens vier Kinder bekommen. Die sinkenden Geburtenraten in Europa sind eine zentrale Ursache der Überalterung. Orbán erklärte es als eines der wichtigsten politischen Ziele, dem entgegenzuwirken. Deutschland und die EU setzen da lieber auf gebärfreudige Migrantenfinanzierung. Je »bunter« wir werden, desto mehr interethnische und interreligiöse Konflikte wird es langfristig geben. Crazy World!

Der erfreuliche Zwischenstand: Orbáns Maßnahmen
https://www.unzensuriert.at/content/133598-zahl-der-eheschliessungen-in-ungarn-auf-hoechststand-seit-35-jahren/
Funkstille im europäischen Parlament zu dieser Entwicklung. Auf solche Ideen kommt allerdings keines der grandiosen sogenannten christlichen Länder. Auch nicht, wenn es sogar das »C« für christlich im Namen trägt.

Welche Qualifikation braucht es für ein politisches Spitzenamt?

Bei Betrachtung der politischen Karriere von Ursula von der Leyen (vdL) bleibt nur die Feststellung: Scheinbar KEINE. Ministerielles Versagen ist kein Hindernis. Es reicht Vitamin B, verbunden mit Einladung zu den *Bilderberger,* die die Weichen der Weltpolitik stellen, und der Aufstieg scheint gesichert.

Politiker nehmen, was sie bekommen. Selbstzweifel und Demut vor dem gottgegebenen Amt sind ihnen fremd und in ihrer »Amtsvorbereitung« auch nicht vorgesehen. »Jobrotation« ist eine gern angenommene Chance zum persönlichen Aufstieg innerhalb der Politikerkaste. Wobei es ein gangbarer beliebter Weg ist, ein begonnenes Studium nicht zum Abschluss zu bringen, weil die Politik ruft. Breit gefächertes Allgemeinwissen als gesunde Basis und Lebenserfahrung zeichnen diese »Möchtegern-Politiker« dann nicht aus. Oberstudienräte und abgebrochene Akademiker bombardieren meist widerspruchsfrei die Welt mit ihrem Unsinn und verteidigen mannhaft (vor allem frauhaft) ihren ideologischen Schützengraben. Wobei jetzt durch den Wahlerfolg der Grünen sogar der weibliche Kindergarten in die Bundespolitik drängt. Gern aufgenommen und betreut von ungebildeten Dauerversagern, weil geformter Nachwuchs immer benötigt wird.

Wer es bis in ein Spitzenamt – ob auf EU- oder Landesebene – geschafft hat, steht selbstherrlich über den Dingen. Für fehlendes Wissen blüht dann das Beraterunwesen, wie vdL in ihren bisherigen Ämtern mit sog. Vetternwirtschaft eindrücklich bewiesen hat. Die wirkliche Macht zieht im Hintergrund die Fäden.

Unter dem Realitätsmikroskop betrachtet

Im Juli 2019 wurde vdL zur Kommissionspräsidentin gewählt – von zwei Wählern! Die Kanzlerin, Frau Merkel, schlug sie vor, und Emmanuel Macron war einverstanden, nachdem die Franzosen im Gegenzug mit Christine Lagarde die EZB kontrollieren durften. Die anderen 25 Regierungschefs nickten die Wahl ab, und das Europaparlament stimmte mit 374 Stimmen von 747 knapp und zähneknirschend zu, immerhin war »Spitzenkandidat« Manfred Weber (CSU) von Merkel unelegant ausgebootet worden. »Deutschlands schlechteste Ministerin« (Martin Schulz, SPD) hatte ihren Traumjob, nachdem Merkels Plan, sie zur Bundespräsidentin zu machen, anno 2010 durchgefallen war.

Zur Vita dieser Karrierefrau

Die 1958 in Brüssel geborene vdL war Lieblingstochter von Ernst Albrecht, der dort als Kabinettschef des Ostpreußen Hans von der Groeben, des tüchtigen ersten Wettbewerbskommissars der EWG, Karriere gemacht hatte, bevor er Ministerpräsident in Niedersachsen wurde. Weil der Notenschnitt nach dem Abitur nicht reichte, begann sie erst einmal ein vierjähriges Bummelstudium der Archäologie und VWL, bis sie mit der Medizin anfing, ein Studium für das sie sage und schreibe insgesamt 30 Semester bis zur Promotion benötigte. In ihrer Dissertation, einem Werklein von 62 Seiten, das von Entspannungsbädern bei der Geburtenvorbereitung handelt, fanden sich später mindestens zweiunddreißig !! nachweisbare Plagiate. Wie man eine Dissertation nicht schreiben sollte, erklärte Medizinprofessorin Ursula Gresser am Beispiel von Ursula von der Leyen ihren Kandidaten in einer E-Mail die im Internet abrufbar ist. Gressers Urteil: »So etwas wäre bei mir nie durchgekommen.«

Die Medizinische Hochschule Hannover gestattete ihr jedoch weiter die Führung des Doktortitels mit der kuriosen Begründung, die Arbeit sei nicht viel schlechter als andere schlechte medizinische Dissertationen. Auch weist ihr späterer Lebenslauf in den neunziger Jahren ein Studium an der Stanford-Universität in Kalifornien auf, mit dem peinlichen Schönheitsfehler, dass die Universität daraufhin erklärte, von ihrem Studium dort nichts zu wissen. Und eine solche Frau steht nun an der Spitze der EU. Scheint aber überhaupt ein politisches Problem bei Aufstreber(innen) zu sein.

Mit einem adligen Medizinprofessor und Unternehmer verheiratet, gebar die leidenschaftliche Herrenreiterin vorbildlich sieben Kinder. Da der große Haushalt reichlich Personal hatte, ging sie nach dem Abbruch ihrer Facharztausbildung im Jahr 2001 in die Kommunalpolitik. Schon zwei Jahre später hebelte sie mit ihrem Tochter-Bonus und der tatkräftigen Unterstützung der Bild-Zeitung den bisherigen Mandatsinhaber der CDU unsanft im alten Wahlkreis ihres Vaters aus und wurde nach ihrer Wahl in den Hannoverschen Landtag 2003 von Christian Wulff sogleich zur Sozialministerin bestellt.

Männer brauchen sich bei ihr nicht zu bewerben

Die einzig überlieferte Leistung der Ministerin blieb die Streichung des Blindengeldes in Niedersachsen. Von ihrer Mentorin, Angela Merkel, wurde die Landesministerin schon zwei Jahre später zuerst zur Familien- und dann zur Sozialministerin des Bundes befördert. Dabei tat sie sich durch eine zeitgeistige Gleichstellungspolitik, Pläne zur umfassenden Internet-Zensur, Forderungen zur Frauenquote, Pläne zum überstürzten bundesweiten Krippen-

und Kitaausbau und gekaufter PR so hervor, dass Merkel sie 2013 zur Verteidigungsministerin beförderte.

Fachfremd, lernunwillig und von Uniformträgern eingeschüchtert, verstärkte sich jetzt auch in der EU-Kommission die sichtbare Tendenz, dem Beamtenapparat zu misstrauen, sich in ein Küchenkabinett mit einsamen Entschlüssen zurückzuziehen und eine ihr hörige Parallelverwaltung aufzuziehen.

So engagierte sie die McKinsey-Managerin und Lesben-Aktivistin Katrin Suder als Staatssekretärin, die mit einer sündteuren, rechtswidrig angeheuerten Truppe jungforscher Konsulenten von McKinsey und Accenture am Beschaffungsamt vorbei freihändig Rüstungsaufträge vergab, zumal die Ministerin während ihrer sechsjährigen Amtszeit nicht einmal den Unterschied zwischen einem Sturmgewehr und einem MG begreifen wollte.

Auf zwischen 100 und 150 Millionen Euro beliefen sich laut Bundesrechnungshof alljährlich die Kosten ihrer »Berateraffäre«, deren übersteuerte Anschaffung etwa von Transporthubschraubern ihre Nachfolgerin Annegret Kramp-Karrenbauer auslöffeln musste.

Beim unglücklichen Segelschulschiff »Gorch Fock« verzehnfachten sich derweil die Reparaturkosten. Besuche bei der Truppe dienten nur als kurzzeitige Fototermine, so auch in Afghanistan, wo sie vor laufender Kamera gendergemäß der 53 gefallenen »Soldatinnen und Soldaten« gedachte. Nur ist in Afghanistan bislang keine einzige Soldatin gefallen.

Sehr ernsthaft schien das Gedenken der Ministerin also nicht gewesen zu sein. Nach zwei marginalen rechtsradikalen, von den Medien prompt skandalisierten, eher skurrilen »Vorfällen« bescheinigte die Ministerin öffentlich der Truppe summarisch ein »Haltungsproblem«, ließ das Offizierskorps der betroffenen Einheiten und sämtliche Einrichtungen von Wehrmachtsbildern säubern und selbst Bilder von Widerstandskämpfern und von Helmut Schmidt in Uniform abhängen.

Sie goss bei der damaligen Medienhysterie scheinbar bewusst Öl ins Feuer, um sich auf Kosten der eigenen Leute politisch ultrakorrekt zu profilieren, was wohl die Tatsache überdecken sollte, dass unter anderem kein einziges U-Boot mehr einsatzfähig war, der ganze Fuhrpark einer Instandsetzung bedurfte und angeschaffte G36-Gewehre nicht genügend Schlagkraft haben, eher um die Ecke schossen als geradeaus, weil sie bei Dauerfeuer heiß liefen und das Ziel verfehlten.

Neben der zunehmenden Diskussion über ihre Amtsführung entbrannte immer heftiger werdende Kritik am Zustand der deutschen Streitkräfte. Denn die Zahlen, die das Verteidigungsministerium im Frühjahr 2018 über die aktuelle Materiallage in der 106 Seiten umfassenden Übersicht präsentierte, waren katastrophal. Das wird vor allem beim schweren Gerät deutlich: Demnach standen dem Heer im vergangenen Jahr von den 244 Leopard-2-Kampfpanzern lediglich durchschnittlich 176 Stück zur Verfügung. Vor ihrem Abgang aus Berlin, wen wundert es, gehörte sie auch zu den 70 CDU-Abgeordneten, die für die Homo-Ehe stimmten. Christliches Gedankengut scheint bei den C-Parteien sowieso keine Rolle mehr zu spielen.

Doch damit nicht genug

In Brüssel wiederholte sich ihr aus Berlin bekannter Führungsstil. Mit der Europapolitik und deren komplexen kompromissorientierten Entscheidungsfindung hatte sie bislang noch nie zu tun gehabt. Die Arroganz der Macht und die damit einhergehende Verblendung sind so tief verankert, dass sie weiterhin ihre Handlungen beeinflussten. Sie bunkerte sich mit ihrem aus Berlin importierten Kabinettschef Björn Seibert sofort ein, machte bombastische Ankündigungen zum europäischen »Green Deal« in der vergeblichen Absicht, sich bei der Linken und den Grünen einzuschmeicheln und schottete sich von der eingespielten Expertise ihrer 30.000 Mann starken Beamtenschaft gründlich ab.

So sind derzeit 15 Prozent aller Führungspositionen der Kommission unbesetzt, denn vdL, die den internen Auswahlverfahren misstraut, will alle wichtigen Ernennungen selbst entscheiden und ist damit natürlich heillos überfordert. Männer brauchen sich ohnehin nicht zu bewerben. Auch müssen sich Kommissare ihre Dienstreisen und ihre Abwesenheit bei den Sitzungen der Kommission mittwochs von ihr persönlich wie kleine Sachbearbeiter genehmigen lassen.

Humorfrei, aber absolut fleißig

Im Gegensatz zu ihrem Vorgänger, dem jovialen Luxemburger Jean-Claude Juncker, trinkt sie nicht, ist absolut humorfrei und enorm fleißig aus dem kühlen Grund, weil sie nicht delegieren kann. Ihr Stab und ihre Sekretärinnen müssen ihr deshalb in zwei Schichten zuarbeiten. Ihre Brüsseler Wohnung hat sie im Berlaymont-Gebäude (dem Hauptsitz der europäischen Kommission), neben ihrem Büro, einbauen lassen, um Anfahrtswege und die Miete zu sparen. Verständlich bei dem schlechten Salär, das sie bezieht.

Noch im November 2020 verkündete die Präsidentin vollmundig wie eh und je ihre »europäische Erfolgsgeschichte«: »Das ist Europas Moment!« Dann erfolgten die angeblich milliardenfach kontraktierten Liefermengen, verzögert in homöopathischen Dosen, und brachten alle nationalen Impfpläne durcheinander. Glücklicherweise muss man anmerken, wenn man die Impfschäden und Todesfälle betrachtet, die sich bis heute anhäufen. Gelistet auf den Internetseiten von »opposition24.com«. Trotzdem lief die Impfpropaganda überall auf vollen Touren weiter.

Tatsächlich hatte die Präsidentin an den Fachabteilungen vorbei eine vorher mit Handelsabkommen mit der Dritten Welt befasste Direktorin mit den Verhandlungen mit der Pharmaindustrie betraut. Die Kommission bezuschusste sechs Unternehmen mit jeweils dreistelligen Millionenbeträgen als Forschungssubvention und begann dann mit ihnen monatelang über Preise und Haftungen zu feilschen, während Israelis, Amerikaner und Briten kurz entschlossen unterschrieben und sich so die ersten Großlieferungen sicherten.

Plötzliche Exportverbote enden wie gewohnt als Rohrkrepierer

Als von der Leyen dann die Schuld auf die Pharmaunternehmen zu schieben suchte, stellte sich heraus, dass in den geschwärzten Geheimverträgen keine fixen Lieferverpflichtungen vereinbart worden waren. Aus Risikoscheu hatte sich die Kommission auch geweigert, Notzulassungen durch die Europäische Arzneimittelagentur zu beantragen.

Hatte die Präsidentin ursprünglich vollmundig verkündet, sie wolle auch die Nachbarländer und den armen Rest der Welt mit den überreichlich bestellten EU-Impfstoffen gratis beglücken, so packte sie kürzlich die Panik und verordnete als einsame Entscheidung plötzlich Exportverbote durch Grenzkontrollen, so auch an der inner-irischen Grenze, ohne den Regierungen in Dublin und London vorher Bescheid zu geben. Nach Protesten musste das Verbot bald wieder aufgehoben werden.

Angesichts des Impfdesasters suchen sämtliche 27 EU-Regierungen dringend nach einem Sündenbock. Bei der Blenderin in Brüssel mit ihrer unnachahmlichen Mischung aus Inkompetenz, Großsprechertum und hemmungslosem Opportunismus sind sie schnell fündig geworden, leider zu Recht. Im Grunde würde sie prächtig zu den GRÜNEN passen, was Inkompetenz, Sturheit und Selbstherrlichkeit anbelangt.

Der eigentlich notwendige Rücktritt wäre nicht der erste Rücktritt eines Kommissionspräsidenten. Im März 1999 trat Jacques Santer, ein rechtschaffener Luxemburger, wegen eines vergleichsweise viel harmloseren »Vergehens« zurück: Seine Forschungskommissarin Edith Cresson hatte einen befreundeten Zahnarzt als »Aids-Experten« scheinbeschäftigt. Falls es mangels Einsicht zu keinem Rücktritt kommt, könnte das Europaparlament sie mit einer Zweidrittelmehrheit abwählen. Grund genug wäre vorhanden, nachdem sie sogar dem Parlament die Impfstoff-Verträge mit Pharmakonzernen nicht offenlegte, sondern nur ein überwiegend geschwärztes Vertragswerk vorlegte, das Cristian Terhes als Abgeordneter des Europäischen Parlaments bei seiner Rede zeigte.

Quelle: bitchute, krisenfrei.com (Deutsche Untertitel)

Mit ihrer formalistischen, eisigen Distanz und ihrem blechernen, mechanisch einstudierten Vortragsstil hat sie dort nämlich keine Freunde und keine Hausmacht, auch bei ihren eigenen EVP-Genossen nicht, deren Chef der um seinen Sieg betrogene Manfred Weber ist. Rache wird auch in der Politik am liebsten kalt genossen. Der grausamen Unübersichtlichkeit unserer Welt ist diese Frau nicht gewachsen.
Quelle: Junge Freiheit

Personalprobleme der EU sind aber nur ein Teil der Zerstörungstaktik freier europäischer Staaten und deren Bevormundung.
Ganz nach den Grundsätzen des ehemaligen EU-Regierungschefs Jean-Claude Juncker werden die Staaten seit vielen Jahren von der EU am Nasenring herumgeführt.

Zitate:
»Nichts sollte in der Öffentlichkeit geschehen. Die Dinge müssen geheim und im Dunkeln getan werden. Wenn es ernst wird, müssen wir lügen«.

»Wir beschließen etwas, stellen das dann in den Raum und warten dann einige Zeit ab, was passiert. Wenn es dann kein großes Geschrei gibt und keine Aufstände, weil die meisten gar nicht begreifen, was da beschlossen wurde, dann machen wir weiter – Schritt für Schritt, bis es kein Zurück mehr gibt«.
(Jean-Claude Juncker 1999)

Quellen:
• der europäische Gerichtshof greift massiv in die Souveränität der Nationalstaaten ein; die Gesetzgebungskompetenz der EU hat Vorrang vor nationalem Recht. Die Bevormundung geht so weit, dass Ungarn bestraft wer-

den soll, weil seine Bürger entschieden, dass ihr Land kein Einwanderungsland werden darf.
https://eur-lex.europa.eu/legal-content/DE/TXT/?uri=LEGISSUM:l14548

- bis 40 % der Gesetze beruhen auf EU-Recht
  Neue Statistik: EU macht weniger Gesetze als angenommen – Wirtschaftspolitik – FAZ

- mind. 15.000 Lobbyisten versuchen, die Abgeordneten zu beeinflussen
  www.europarl.europa.eu/sides/getDoc.do?language=de&type=IM-PRESS&...

- der Vertrag von Lissabon erlaubt die Tötung von Menschen im Falle eines Aufruhrs *Vertrag von Lissabon: Todesurteil für die friedliche Demokratie? | Sein.de* – was genau das ist, wird nicht definiert. So könnten auch Demonstrationen durchaus als »Aufruhr« ausgelegt werden. Es wäre nach dem EU-Recht unter Umständen legitim, randalierende Demonstranten einfach zu erschießen. Der Vertrag verpflichtet die EU-Staaten außerdem, anderen EU-Staaten im Kriegsfall Beistand zu leisten. Da die Bundeswehrpflicht abgeschafft und das Heer technisch heruntergewirtschaftet, kann es sich nur um eine erneute Zahlungspflicht als Ausgleich handeln. Schon im Mittelalter konnten sich Landesherren gegenüber ihrem Kaiser freikaufen.

Ist es verwunderlich, wenn immer mehr mündige Bürger und Demokraten solche Art von Politik ablehnen, die an das Zentralkomitee der UDSSR oder das kommunistische China erinnert? Um Akzeptanz bei den Bürgern zu erhalten, müssten Politiker auf allen Ebenen kompetenter, offener und glaubwürdiger werden. Wichtige Voraussetzungen gegen das Beraterunwesen und damit verbundener Geldverschwendung. Selbst Frankreichs EU-Skepsis nimmt inzwischen enorm zu. Nicht nur in der Bevölkerung, sondern auch in der Regierung, die einst mit Deutschland der

Motor in der EU war, nimmt der Nationalismus quer durch die Parteien zu. Das Misstrauen gegenüber Brüssel wächst immer mehr. Ein politisches Erdbeben kann die Folge sein.

Versager werden geschützt

Ein Minister verfügt zwar über enorme Summen und vermag weitreichende Entscheidungen zu treffen, aber er haftet für gar nichts. In der Regel haftet er nicht einmal mit seinem Job, weil keine Krähe der anderen ein Auge aushackt.

Belege dazu gibt es zahlreich in der deutschen Politik, erinnert man sich an das Spahn-Maskenfiasko oder die Millionen Mautpleite von Scheuer-Andy. Nur wenn jemand in die eigene Tasche wirtschaftet, wird sogar der Rücktritt von der eigenen Partei anempfohlen, weil er sich dabei aus Dummheit hat erwischen lassen. Und so was geht ja gar nicht. Auch nicht in C-Kreisen. Schon George Washington sagte einmal treffend: *»Nur wenige Männer besitzen die Integrität, dem Meistbietenden zu widerstehen.«* (»Männer«, weil damals Frauen in der Politik noch nichts zu sagen hatten).

Der Globalisierungswahn – Europa schafft sich ab

Die Auferstehung des Römischen Reiches

Die finale Phase von Imperien endet in der Regel immer mit denselben Signalen. Ob vor 2000 Jahren im Alten Rom oder heutzutage. Wer deshalb die EU verstehen will, muss nur das über Jahrhunderte herrschende Römische Reich ansehen. Machtstreben, Eroberung und Unterdrückkung, verlorene Kriege in Verbindung mit exzessiver Verschuldung und Dekadenz, bis es zum Untergang kam.

Für viele Christen ist das moderne Europa das wiederbelebte Römische Reich, das der Prophet Daniel und Apostel Johannes in der Offenbarung vorausgesagt haben und das in der Endzeit wieder auferstehen und den Antichristen hervorbringen würde. Diese bevormundende Entwicklung ist nicht mehr von der Hand zu weisen. Setze die Corona-Schutzmaske auf, lass dich impfen (am besten beides, weil eines allein nach neuer Erkenntnis nicht ausreichend schützt), trotzdem zusätzlich 1,5 - 2 m Abstand, lass dich ständig boostern, ohne Impfpass keine Zugangsberechtigung für Geschäfte, Veranstaltungen, Bus und Bahn! (bald auch für den täglichen Bedarf?) Was folgt noch? Sperrung der Konten, Annahme der Zahl 666 als Zeichen Satans? Wir sind untrüglich auf dem biblisch prophezeiten Weg. Bezeichnend und sehr erhellend für die Entwicklung und die dahinter steckenden Absichten sind die Ausführungen des parteilosen ehem. parlamentarischen Beraters im deutschen Bundestag, Sebastian Friebel.
www.wie-soll-es-weitergehen.de

Der Europäische Gerichtshof für Menschenrechte (EGMR), auch bekannt als Straßburger Gerichtshof, der die Europäische Menschenrechtskonvention durchsetzt, verweigert das Recht, den Vatikan wegen pädophiler Verbrechen anzuklagen und anerkennt die Immunität des Heiligen Stuhls.

Dieses neue Gesetz wurde am 12. Oktober 2021 verabschiedet, nachdem 24 Kläger abgewiesen worden waren, die den Vatikan vor belgischen Gerichten wegen der schrecklichen Pädophilie durch katholische Priester erfolglos verklagt hatten. Damit schützt der Europäische Gerichtshof für Menschenrechte die Clique der Pädophilen durch die »Immunität« des Heiligen Stuhls, die durch die »Grundsätze des internationalen Rechts« anerkannt wird.
Quelle: https://leozagami.com/2021/10/14/shocking-european-court-of-human-rights-grants-the-vatican-immunity-for-cases-of-pedophilia/

Ein weiterer Verrat Gottes der katholischen Kirche mit ihren Irrlehren, der mit der blutigen Schreckensherrschaft der Inquisition bis heute seinen Lauf nimmt, anstatt sich für die Wahrheit und Gottes Wort einzusetzen: Die Bibel kennt gar kein Papsttum – im Gegenteil: Jesus Christus warnt ausdrücklich vor denen, die sich »an Christi Stelle setzen« (Mt. 24,5). Es ist **eine Tatsache**, dass sich vom Papsttitel »Stellvertreter des Sohnes Gottes« (lat. VICARIVS FILII DEI) die Zahl 666 errechnen lässt, also die in der Bibel angezeigte Zahl des »ersten Tieres« (Offb. 13,18). Gottes Wort sagt ausdrücklich, dass man diese Zahl mit »Weisheit und Verstand« überlegen soll. Im Griechischen haben die Worte *Stellvertreter Christi* dieselbe Bedeutung wie *Anti-Christ*, also der, der sich *an die Stelle von Christus* setzt.

Rom hat die Reformation heftig bekämpft und keine einzige Irrlehre korrigiert – im Gegenteil: Die falschen Dogmen wurden befestigt und im Laufe der Zeit noch weitere hinzugefügt. Entgegen dem Gebot Gottes (Sprüche 30,6) »Tue nichts hinzu zu Seinen Worten« hat die römische Kirche im Jahr 1564 die sogenannten »Apokryphen« der Bibel beigefügt. Im Jahr 1854 kam das Dogma von der *»unbefleckten Empfängnis Marias«* hinzu. Seit 1871 wird die *»Unfehlbarkeit des Papstes«* behauptet und seit 1950 die *»Himmelfahrt Marias«*. Laut § 30 des katholischen Kirchenrechts lautet die Anrede des Papstes: »Heiliger Vater« (lat. sogar: Sanctissimus Pater). Jesus aber gebietet (Mt. 23,9): »Ihr sollt **niemand** Vater nennen auf Erden« (oder gar Heiliger Vater), denn **Gott allein** ist »Heiliger Vater« (siehe Joh. 17,11). Darum betet die Christenheit: »Unser Vater, der du bist **im Himmel**« (nicht in Rom!). Neuerdings bekunden die Päpste sogar ihre Verbundenheit mit dem Islam, obwohl dieser die Gottessohnschaft Jesu verleugnet. Auch daran können Christen aufs Deutlichste erkennen, dass der Papst *unmöglich* Christi Stellvertreter sein kann.

Allerdings hat auch die ev. Kirche ihre Probleme. Beispielhaft der Missbrauch wie in der kath. Kirche, dessen Aufklärung sich nun schon sieben Jahre hinzieht, ohne nennenswerte Erfolge, aber mit dem geförderten Mythos, es handele sich um Einzelfälle.

Früher kriegerisch – heute subtiler. Parallelen zum Islam sind erkennbar

Parallelen des Machtstrebens der kath. Kirche im Mittelalter und im Alten Rom finden wir zum Islamismus, beginnend mit Mohammed, die sich nicht nur über die arabische Welt, sondern über ganz Europa erstreckten, um den muslimischen Glauben durchzusetzen. (Vertreibung des verbreiteten jüdischen Glaubens an den einzigen wahren Gott).

Die Historie spricht für sich

Im Vorfeld des ersten Kreuzzuges gab es knapp 470 Jahre islamischer Expansion durch das Schwert, was von Muslimen gerne verschwiegen wird. Auch heute zerfließen sie in Selbstmitleid und Vorwürfen, indem sie ihr geschichtliches Erinnerungsvermögen auf die Kreuzzüge beschränken, die allerdings erst eine Folge der Jahrhunderte langen brutalen moslemischen Angriffe und Unterdrückung auf christliche Länder waren. (Bleibt abzuwarten, wann Muslime auf die Idee kommen, wie die Herero in Südafrika, geschichtsvergessend Entschädigungszahlungen für die verlorene Schlacht vor den Toren Wiens zu fordern).

Als am Morgen des 7. Oktober 1571 in der Meerenge von Lepanto im heutigen Griechenland die christliche Flotte siegte, war der Mythos der Unbesiegbarkeit der osmanischen Flotte gebrochen. Doch ausgenutzt wurde dieser Sieg nicht. Stattdessen belehrte der Großwesir in Konstantinopel den venezianischen Botschafter über die Folgen von Lepanto: »Indem wir Euch das Königreich Zypern entrissen haben, haben wir Euch einen Arm abgetrennt. Indem Ihr unsere Flotte besiegt habt, habt Ihr uns nur den Bart abrasiert. Der Arm wächst nicht wieder nach, aber der Bart wächst nun umso dichter.« Auf Europa bezogen, ist er durch die Migration massiv am wachsen und die Streitigkeiten um Zypern zwischen Griechenland und der Türkei halten nach wie vor an.

Für Islamisten mit ihrem Gottesverständnis ist es keine Frage, dass Eroberung, Attentate und gezielte Morde bis in

die heutige Zeit als Allahs Auftrag gesehen werden. Alleine seit 9/11 gab es knapp 20.000 islamische Terror-Attacken. Die zerstörerische Urkraft, die im Islam steckt, wird heutzutage völlig unterschätzt, obwohl sie in so vielen Ländern, aktuell wieder in Afghanistan, in erschreckender Weise zum Vorschein kommt. In der Hadith sagte Mohammed: *»Mir wurde der Befehl erteilt, so lange gegen die Menschen zu kämpfen, bis sie Folgendes bezeugen: »La ilaha ill Allah wa anna Mohammed Rasul Allah.«* Übersetzt: »Kein Gott ist da außer Allah, und Mohammed ist sein Gesandter.«
Sahih Al-Bukharie Vol.1, Hadith Nr.24

Die meisten muslimischen Gelehrten stimmen übrigens darin überein, dass der Islam sich über alles erhebt – ein grundlegendes Prinzip der islamischen Scharia, das alle Aspekte der islamischen Rechtsprechung durchdringt.
(Suren 3:110; 4:95; 32:18)

Nach diesem Prinzip muss die Moschee die höchste, breiteste und großartigste aller Bauten sein, besonders im Land der Ungläubigen (Nicht-Muslime), die im Koran auch Affen und Schweine genannt und niedriger als das Vieh bezeichnet werden, um Macht und Überlegenheit zu demonstrieren. (Koran *2:63-66, 5:59-60* und *7:166*). Ist diese Entwicklung zu übersehen? Gerade die Gleichgültigkeit, mit der wir diesen Problemen begegnen, stellt die größte Gefahr für die christliche Menschheit dar.

Die Eroberungs-Bemühungen haben im Grunde nicht nachgelassen, jedoch werden sie inzwischen subtiler, nicht mehr kriegerisch wie früher, praktiziert. Durch massive muslimische Zuwanderung und Geburtenexplosion als Vorstufe zur Übernahme der Herrschaft auf politischem Wege mit dem Ziel der Einführung der Scharia. Und sie sind auf dem besten Weg, in Kommunen bereits Realität, weil Politiker und Kirchen auch auf EU-Ebene schlafen.

Schon im Jahr 1974 sagte der algerische Präsident Houari Boumédienne vor der UN-Generalversammlung in fast prophetischer Voraussicht: *»Eines Tages werden Millionen von Menschen die südliche Hemisphäre des Planeten verlassen, um in den Norden aufzubrechen. Aber nicht als Freunde. Denn sie brechen auf um zu erobern, und sie werden es erobern durch die Anzahl ihrer Kinder. Wir werden siegen durch den fruchtbaren Leib unserer Frauen«.*

Es ist geradezu beängstigend, mit welcher Genauigkeit diese Vorhersage heute in Erfüllung geht, und in seiner ganzen Tragweite immer noch nicht verstanden wird. Oder verstanden werden will!

Insgesamt kann der Islam durchaus als Abbild des römischen Reiches in Bezug auf die vielfältige Götzenverehrung und kriegerischen Landeinnahmen gesehen werden. Allerdings beschränkt auf einen von 360 Götzen, während die Römer an mehreren festhielten und sich sogar Nero selbst zum Gott erhob. So weit ging Mohammed nicht, er bezeichnete sich nur als Prophet. Sein Gott heißt Allah und hat mit dem biblisch belegten Gott der Christen nichts gemeinsam, was die Kirchen im Sinne der Ökumene und falsch verstandener Toleranz nicht predigen. Ihr Credo: Alles ist gleich gültig, deshalb ist alles gleichgültig. Eine Offensive des Fürsten dieser Welt (Satan), wie ihn die Bibel nennt, der seinen Herrschaftssitz in Rom hat. Durch die er Menschen verführt und sie gegen Gott mit dem Ziel der Weltherrschaft einnimmt. Siehe auch mein Buch: »Der Islam, eine friedliche Religion? Antwort geben die Fakten«.

Zusammenfassend ist erkennbar, dass sich die EU mit ihrer Entwicklung, Abkehr vom Gott der Christen, einer laxen Einwanderungspolitik, Aufnahme von immer mehr muslimischen Ländern und einer Inanspruchnahme von Rechten und Bevormundung, die ihr gegenüber National-staaten nicht zustehen sollten, längst auf dem Weg zum römischen Reich befindet. Zu einem »Neustart« in dem für den Nationalstaat kein Platz mehr ist. Gerade deshalb bedarf es eines Bollwerks der Normalität.

Von der EU zum weltweiten Neustart – A Global Reset!

Die erste Stufe zur Beherrschung der Menschen

Manchen Leuten reicht es nicht, dass die EU-Granden, deren Machthunger längst nicht gestillt ist und deren Zuhälter mittlerweile so total über autarke, selbstbe-stimmte Staaten herrschen, wie einst der Adel über seine Untertanen.

Ein Herrschaftsinstrument hat sich etabliert, das die Macht der EU stärkt, die dem Bürger nicht mehr wie der Diener dem Souverän, sondern wie die Obrigkeit dem Untertan gegenübertritt.

Sie bedienen sich dazu Gesetzen, die den Herrschenden lediglich zur Durchsetzung ihrer Machtinteressen dienen.

Der Great Reset, den uns das Weltwirtschaftsforum (WEF) als Reaktion auf die Corona-Plandemie verkauft, hat geschichtliche Vorbilder. Wir sehen sie im alten Ägypten mit seinen Sklaven und Pharaonen, wo die Güter ebenfalls planwirtschaftlich verteilt wurden. Bekannt aus dem Kommunismus. Den Untertanen gehörte gar nichts, dem Pharao alles. Die Güter wurden so verteilt, dass das Volk gerade genug zum Leben hatte. Dafür gab es insgesamt 2.000! verschiedene Beamtentitel. Keiner dieser Herren war auch nur ansatzweise produktiv tätig, sondern nur damit beschäftigt, die von den Sklaven erwirtschafteten Reichtümer umzuverteilen. Gerechtfertigt wurde die Herrschaft des Pharao mit seiner angeblich göttlichen Abstammung, die man trotz allem Merkel nicht nachsagen kann.

»Die grundlegenden ethischen Prinzipien sind staatliche Kontrolle der Produktion und des Landbesitzes. Es sind diese Prinzipien, die auf der ganzen Welt zu Hunger, Elend und Tod geführt haben«. So wird das Programm in einem bereits zehn Jahre alten Buch beschrieben, das von Oliver Janich verfasst wurde.
Compact Spezial – Der Great Reset

Und inzwischen sind die Globalisten schon so dreist, dass sie ihr Vorhaben gar nicht mehr verschleiern. Das in einem WEF-Werbeclip zur Schau gestellte Motto lautet: Du wirst nichts besitzen und dabei glücklich sein. Wie schon aus dem Rockefeller Brothers Fund aus dem Jahr 1973 nachzulesen, geht es knallhart um Enteignung. Auch dieser Plan ist viel älter. Vorbild sind die Jesuiten mit ihren Unterdrückungen der Indios. Auch ihnen wurde gesagt, niemand gehöre etwas allein, sondern alles allen gemeinsam. So beschreibt es auch heute Wikipedia. In Wirklichkeit gehörte natürlich alles den Jesuiten. Die indigenen Völker arbeiteten als Sklaven, den Profit schöpfte die Kirche ab.

Ein Teil der unermesslichen seit 2000 Jahren zusammen-geraubten Schätze der katholischen Kirche. Daher ist es natürlich kein Zufall, dass der erste jesuitische Papst, Franziskus, hinter dem großen Reset steht.

Die heimlichen Herrscher

Heute ist das etwas anders. Mit der Schaffung von praktisch religiösen Ideologien wie etwa dem angeblich von Menschen verursachten Klimawandel oder der Corona-Pandemie werden Ängste geschürt und den Menschen Schuldgefühle eingeimpft, um den alten Traum der Globalisten von einer Neuen Weltordnung in greifbare Nähe zu rücken. Trojanische Pferde für das Ziel einer übergeordneten Lenkung.

Die neue Weltordnung ist keine Verschwörungstheorie, sondern von global agierenden Konzernen, Expertenräten und Thinktanks verfolgte One-World-Arroganz gegenüber selbstbestimmten Staaten. Die Mächtigen inszenieren sich als Retter einer Krise, die es ohne sie nie gegeben hätte. Man kann es nicht anders sagen: Kriminelle, satanische Psychopathen des »Tiefen Staates«[2] sind am Wirken.

Während die Pharaonen der Neuzeit mit dem Privatjet zur Klimakonferenz düsen oder Partys ohne Masken feiern, auf denen Champagner und Kaviar kredenzt werden, muss sich der Untertan streng an die absurdesten sich immer wieder selbst widersprechenden Regeln halten. Dass in den Medien und in der EU altägyptische Symbole wie das All-

---

2 »Staat im Staate«. Eine Institution also, die nicht gewählt wird, son-dern die im Hintergrund agiert und den Staat, seine Führer und vor allem die entscheidenden Institutionen lenkt.

sehende Auge und die Pyramide auftauchen, ist natürlich reiner Zufall. Dazu später mehr.

Wer sind nun diese einflussreichen Kreise, die Pläne im Geheimen schmieden und das Geschehen weltweit mit ihrem Geld beeinflussen und von denen die Bevölkerung keinen blassen Schimmer hat? Zu nennen sind:

Council on Foreign Relations (CFR) – Rat für auswärtige Beziehungen

Gegründet 1921 als Denkfabrik eines amerikanischen Empires mit dem Ziel, das damalige britische Empire als Supermacht abzulösen. Führende Mitglieder waren Dwight D. Eisenhower, John Foster Dulles und Henry Kissinger. Das *Council* gehört zu den vier weltweit einflussreichsten Think Tanks. Ihm wird seit seiner Entstehung eine herausragende Funktion im Formulierungsprozess außenpolitischer Strategien zugesprochen.

Illuminati

Einer der höchsten Freimaurerorden, gegründet 1776. Die Aktivitäten dieses Ordens verbreiteten sich in ganz Europa. Ihm gehören Menschen aus Politik, Wissenschaft und Kultur an. Vergleicht man die Ziele mit der heutigen Situation, findet man erstaunliche Übereinstimmung und Fortschritte.

Eines der Ziele war und ist der **Aufbau einer einheitlichen Weltregierung / New World Order** und damit die vollständige Beseitigung aller nationaler Identität und des Patriotismus, mit einer einheitlichen Kirche durch Zerstörung der Religion, insbesondere des Christentums. Einführung eines einheitlichen Geldsystems unter ihrer Leitung. Neben dem Propagieren von Sex, der Sucht und der moralischen Expansion als ein Mittel, um die Massen zu täuschen und unterzuordnen. Entwicklung und Verfeinerung von Maßnahmen, mit denen man jeden Menschen mit Hilfe von Mind-Control manipulieren und kontrollieren könnte. Die Kontrolle des Bildungswesens, um sich die Menschen zu erziehen, damit diese später wissenschaftliche Funktionen besetzen können. Aussendung von Agenten in alle Landesregierungen. Übernahme der Kontrolle über die Presse und politischer Optionen. Die Industrialisierung und dem Bau von Kernkraftwerken ein Ende setzen, um einen Zustand zu erreichen, den sie »Null-Wachstum nachindustrielle Gemeinschaft« nennen.

Die Arbeitslosen sollen Drogenabhängig werden oder die »überschüssige Bevölkerung« wird eliminiert. Ein Plan der als »Globalismus 2000« bekannt ist. Letztlich Legalisierung und Ermutigung zu Drogen und Pornographie als eine Art »Kunstform«, bis sie allgemein akzeptiert wird.

Die Entvölkerung der Großstädte; mit der Hilfe von lokalen Kriegen in den Entwicklungsländern, und durch Hunger und Krankheiten in der Dritten Welt drei Milliarden Menschen bis 2050 zu töten. Menschen, die sie als Nießnutzer betrachten. Das Symbol der Illuminati befindet sich übrigens sogar auf dem US-Dollarschein. Auch Karl Marx war ein Mitglied des Ordens.
Quelle: Die Illuminati | (mystery-welt.de)

Club of Rome (CoR)

Eine unabhängige, privat finanzierte, politische Denkfabrik mit einer Gruppe von Persönlichkeiten, die »die gemeinsame Sorge um die Zukunft der Menschheit verbindet und die danach streben, diese zu verändern« – so die Selbstbeschreibung. Ein Netzwerk, das nur mit Elitezirkeln wie der Bilderberg-Gruppe oder der von David Rockefeller ins Leben gerufenen *Trilateralen Kommission* vergleichbar ist. Mit der Schrift *Das menschliche Dilemma* wurden bereits 1970 komplexe Probleme wie Hunger, Krankheit, Umweltzerstörung formuliert, die zu sofortigem Handeln zwingen! Im Jahr 1972 veröffentlichte CoR die »Grenzen des Wachstums«. Dazu setzte er wie schon bei der Einführung der Pseudopandemie Computermodelle ein, um die komplexen Probleme vorherzusagen, mit denen der gesamte Planet konfrontiert war: Die »Weltproblematik«. Ihre Stellungnahmen stützten sich auf das vom Massachusetts Institute of Technology (MIT) in Auftrag gegebene systemdynamische »World3-Modell«. Darin wird davon ausgegangen, dass die Weltbevölkerung die natürlichen Ressourcen erschöpft und die Umwelt so stark verschmutzt, dass es unweigerlich zum »Overshoot und Kollaps« kommt.

Dabei handelt es sich nicht um eine wissenschaftliche »Tatsache«, sondern eher um ein vorgeschlagenes Szenario. Bislang ist keine der Vorhersagen eingetreten, aber wir sind auf dem besten Weg.
Quelle: https://axelkra.us/was-ist-die-globale-oeffentlich-private-partnerschaft-iain-davis/

Heute, 50 Jahre später, werden fast wortgleiche Kommentare abgegeben, wenn auch von einer Greta Thunberg.

Eine Kampfansage an die Menschheit ist auch das 1991 veröffentlichte Pamphlet *Die erste Globale Revolution*. »Auf der Suche nach einem gemeinsamen Feind, gegen den wir uns verbünden können, kamen wir auf die Idee, dass Umweltverschmutzung, die Bedrohung durch die globale Erwärmung, Wasserknappheit, Hungersnöte und dergleichen die Rechnung aufgehen lassen würden.« Und weiter: »Alle diese Bedrohungen werden durch menschliche Eingriffe in natürliche Prozesse verursacht, und sie können nur durch verändertes Denken und Verhalten überwunden werden. Der wahre Feind ist also die Menschheit selbst«.

Bilderberg-Gruppe

Sie gelten als »Die Königsmacher« weil sie im geheimen (Presse hat keinen Zutritt) die Weichen der Weltpolitik stellen und höchste Repräsentanten auf den Thron heben. Helmut Schmidt nahm 1973 an einem Treffen teil – ein Jahr später wurde er Bundeskanzler. Ähnlich Helmut Kohl, der 1982 zu Gast war und darauf durch ein Misstrauensvotum Amtsinhaber Schmidt stürzte. Maßgeblich beteiligt Otto Graf Lambsdorff, der mit Kohl zusammen zum Treffen anreiste. Angela Merkel wurde im Frühjahr 2005 zur Konferenz nach Rottach-Egern geladen und konnte nur wenige Monate danach ins Kanzleramt einziehen. Da fügt sich die Entwicklung von Ursula von der Leyen nahtlos ein. 2015 war sie zum ersten Mal eingeladen, dann folgten 2016 in Dresden, 2018 in Turin und 2019 in Montreux. Kurz darauf ist sie EU-Kommissionspräsidentin.

Man muss also nur als unqualifiziert auffallen, um als formbar erkannt für höhere Weihen ausgewählt zu werden.

Weltwirtschaftsforum (WEF)

Für die Installation einer neuen Weltordnung ganz im Sinne der Illuminati macht sich diese Organisation von Klaus Schwab verdient. Deren Utopie wurde 2019 auf der Website von Ida Auken, Jahrgang 1978, einer linksliberalen Politikerin aus Dänemark, beschrieben. Zeitweise

Umweltministerin und vor ein paar Jahren – wie Jens Spahn und Annalena Baerbock – zum Young Global Leader gekürt. Damit zeichnet das WEF unter 40-jährige aus, die es für besonders hoffnungsvolle Führungspersönlichkeiten hält. Baerbock zum ersten Mal eingeladen auf der Münchner Sicherheitskonferenz im Februar 2019, wo sie auf George Soros traf, der die Grünen an die Macht bringen will, was nun gelungen ist.

George Soros – Der EU-Lobbyist
Wenn es um mächtige Einzelpersonen geht, kommt man an Multimilliardär Soros genauso wenig vorbei wie an Bill Gates, der praktisch überall seine Finger im Spiel hat, wenn es um die Reduzierung der Weltbevölkerung geht.

George Soros will überall die Freiheit fördern – nach seinen Vorstellungen selbstverständlich. Dafür macht sich eine von ihm finanzierte NGO, die Internationale Migrationsinitiative stark; ein Menschenrecht auf Migration durchzusetzen. Man sei an jeder Stelle der Fluchtströme, vom Herkunfts- bis zum Zielland, *aktiv* dabei, Einfluss auf politische Entscheidungen souveräner Nationalstaaten zu nehmen.

Die ungarische Tageszeitung *Magyar Idök* berichtete 2019 ausführlich über anhaltende und intensive Kontakte zwischen dem Großspekulanten George Soros oder Vertretern seiner Organisationen und führenden EU-Politikern.

Demnach haben sich zwölf beim Europäischen Parlament akkreditierte Lobbyisten der Soros-Organisation Open Society European Policy Institute (OSE-PI) 52 Mal mit Mitgliedern des Parlamentsausschuss für bürgerliche Freiheiten, Justiz und Inneres (LIBE) getroffen. Darüber hinaus traf sich George Soros nach dem Amtsantritt des damaligen Kommissionspräsidenten Jean-Claude Juncker (2014) mehr als 20 Mal offiziell mit den Mitgliedern der Kommission.

Auch der – immer noch im Amt befindliche – Vizepräsident der Kommission, Frans Timmermans, traf sich (im Sept. 2015) mit Soros und Vertretern seines Netzwerkes in New York. Im April 2017 fand darüber hinaus ein Treffen mit Juncker in Brüssel statt. Ein weiterer politisch gewichtiger Gesprächspartner Soros` war das damals für Fragen der Migration zuständige Mitglied der Kommission, Dimitris Avramopoulos; er soll im Juni und November 2015 mit Soros-Lobbyisten verhandelt haben.
Quelle: Compact 8/2021, Seite 21

»Die Initiative versucht die Fähigkeit der Migranten zu stärken, ihre Rechte zu behaupten und zu verteidigen« heißt es. Schon vor ihrer Abreise (!) sollen Flüchtlinge durch *Training und Orientierungsseminare* juristisch geschult werden. Zusätzlich sollen Migranten durch eigens geschaffene Gruppen mobilisiert und ihr Einfluss gestärkt werden – etwa durch Medien und Presseorgane, die von Migranten selbst geleitet werden. Bereits Ende 2015 verbot Putin die Soros-Aktivitäten in Russland. Die Flüchtlingsflut ist Beleg dafür, was auch Orbán zum Handeln veranlasste. Im Frühjahr 2018 musste die Soros-Niederlassung die ungarische Hauptstadt verlassen.

Für einen tieferen Einblick:
• *Die Denkfabriken* von F. William Engdahl. Wie eine unsichtbare Macht Politik und Mainstream-Medien manipuliert. (Kopp-Verlag)

- *Drahtzieher der Macht* von Gerhard Wisnewski. Die Bilderberger – Verschwörung der Spitzen von Wirtschaft, Politik und Medien. (Knaur-Verlag)
- Tags: Global Governance, Global Public-Private Partnership, GPPP, Klaus Schwab, Korpokratie, Korporatismus, SDGs (Sustainable Development Goals), Weltwirtschaftsforum, Ziele für nachhaltige Entwicklung

Von der Plandemie zur globalen Diktatur einer neuen Weltordnung

Corona war der Auslöser für weitere Bevormundung warnte auch Ettore Gotti Tedeschi, ein italienischer Ökonom und ehemaliger Präsident der Vatikanbank, dass die COVID-19-Pandemie ein trojanisches Pferd für den Great Reset sei. Ein Plan, um die Weltbevölkerung zu reduzieren, den freien Markt abzubauen und alle Grenzen zu beseitigen.
www.infowars.com

Der 2015 verstorbene kanadische Milliardär Maurice Strong, Gründer des UN Environment Programme und ehemaliges Mitglied des Club of Rome, sagte auf dem Erdgipfel 1992 in Rio de Janeiro voraus: »*Wir können an den Punkt gelangen, an dem die einzige Möglichkeit zur Rettung der Welt darin besteht, dass die industrielle Zivilisation zusammenbricht*«. Auch der ebenfalls verstorbene milliardenschwere Bankier David Rockefeller setzte sich lebenslang für eine Neue Weltordnung ein. »*Sie muss wohl auch mit Blut erkauft werden*«, ist seinem Artikel *From a China Traveler* (New York Times, August 1973) zu entnehmen.

»*Das soziale Experiment in China unter Führung des Vorsitzenden Mao ist eines der wichtigsten und erfolgreichsten in der Geschichte der Menschheit«*. Schätzungen zufolge kostete es zwischen 45 und 60 Millionen Menschen das Leben. Verwunderlich, dass Rockefeller eine Katastrophe herbeisehnte? *»Alles was wir brauchen, ist die eine große Krise, und die Nationen werden die Neue Weltordnung akzeptieren«*, sagte er 1994 vor dem UN-Wirtschaftsausschuss.

Verständlich, dass bei Ausbruch von Corona die führenden Politiker der Welt die Chance für Aufrufe zur globalen Einheit sahen. Ban Ki-moon aus Südkorea (ehemaliger Generalsekretär der Vereinten Nationen): *»Um diese historische Bedrohung zu bekämpfen, müssen die führenden Politiker (der Welt) den eigenen Nationalismus und kurzfristige, egoistische Überlegungen zurückstellen, um im Interesse der gesamten Menschheit zusammenzuarbeiten.«* Es müsse sofort mit der Entwicklung eines globalen Regierungssystems (natürlich unter Führung der UNO) begonnen werden. Der wahre Feind, sagt er, ist der Nationalismus. Deshalb sei eine *Eine-Welt-Allianz* die einzig richtige Antwort.

Die beispiellosen Schockwellen, meinte Prinz Charles, wären eine goldene Gelegenheit, weil sie die Menschen empfänglicher für große Visionen des Wandels machen. *»Eine Gelegenheit, die wir nie zuvor hatten und vielleicht nie wieder haben werden«*.

Die europäische Gruppe *Demokratie ohne Grenzen* schließt sich diesen Gedanken an und will unter anderem alle Menschen als *Weltbürger* erfassen und registrieren. Das Weltwirtschaftsforum (**WEF** Davos) schlägt die Abschaffung des Kapitalismus zugunsten einer sozialistischen neuen Weltordnung vor und einige der mächtigsten Wirtschaftsführer der Welt kamen bei einem virtuellen Treffen im Juni 2020 zu dem Schluss, dass unser Planet einen

weltweiten Neustart (Global Reset) braucht. (Die biblische Prophetie sagt uns, dass eine Weltregierung in der Endzeit Realität werden wird.)

Bei einer Weltregierung sollte man sich aber darüber im Klaren sein, dass sie sicherlich nicht auf der Grundlage von Moral und Gerechtigkeit funktionieren würde. Dagegen sprechen unterschiedliche kulturelle Werte und gegensätzliche Weltanschauungen mit einem Moralkodex, der den sich ständig ändernden Definitionen von Wahrheit unterläge. Außerdem würde diese Art von Regierung die einzelnen Länder ihrer Souveränität berauben. In Vielfalt geeint ist nicht erklärtes EU-Ziel. Es geht um Beherrschung, Steuerung, Bevormundung. Zu beobachten am Verhalten gegenüber Ungarn mit dessen Ministerpräsident Orbán, das von der Leyen als eine »Schande« bezeichnet. Die wirkliche Schande ist hingegen diese Frau. Doch damit längst nicht genug.

Okkulte und Globalisten

Abkehr von der Bibel durch Wichtigtuer, sich selbst überschätzende Menschen die Krisen verantworten, erschüttern die Welt. Europäische Union, Flüchtlinge, Hunger, Klimavergötterung, Coronavirus und Impfung als verdeckte Form des Demozid (geplante Reduzierung der Menschheit durch Regierungen), und geistig scheinbar Verwirrte und Psychopaten bestimmen das Geschehen.

Prinz Philipp von England: »*Sollte ich wiedergeboren werden, hoffe ich als Killervirus auf die Welt zu kommen, um die Bevölkerungszahl zu senken*«. Das ist die Sprache von Satanisten!

Auch genmanipulierte Nahrung wird als weiteres Mittel zur Unfruchtbarkeit eingesetzt.
Quelle: infowars.com

9. März 2015: International Conference »The New World Order «

Zu einer Zeit, als die neue Weltordnung verkündet wurde, betrug die Bevölkerung dieser Welt nur 3 Milliarden. Die Absicht war, sie auf 1 Milliarde zu reduzieren. Jetzt beträgt die Weltbevölkerung 7 Milliarden. Es wird nötig sein, viele Milliarden Menschen zu töten, um sie aufzuhalten. Oder zu verhindern, dass sie sich fortpflanzen, um die Weltbevölkerung zu reduzieren. Das ist es, was am wichtigsten ist für diejenigen, die leiden und sterben werden. Es wird den Frieden des Grabes geben.
Quelle: https://t.me/Kampf_fuer_unsere_Zukunft

Bill Gates: *»Impft die Menschen, um die Bevölkerungszahl zu reduzieren!«* Und weiter in einem Vortrag: *»Wenn wir bei den Impfstoffen, Gesundheits- und Schwangerschaftsvorsorge wirklich gute Arbeit leisten, können wir die Zahl der Menschheit um etwa 15 % senken«.*

Das Beispiel Indien
Compact Spezial – Der Great Reset, Sonderausgabe 30/2021.

In einem Impfexperiment der von Gates finanzierten Organisation Programm for Appropriate Technology in Health (PATH) begann man 2009 in Indien damit, 23.500 Mädchen zwischen neun und fünfzehn Jahren mit HPV-Impfungen gegen Gebärmutterhalskrebs zu behandeln. Viele wurden krank, sieben starben innerhalb eines Jahres. Kläger vor dem Obersten Gerichtshof Indiens gaben an, mehr als 1.200 hätten ernste Nebenwirkungen oder gar Autoimmunerkrankungen entwickelt. Der parlamentarische Untersuchungsausschuss urteilte 2013, dass PATH *»alle Gesetze und Regularien missachtet hat, die von der Regierung für klinische Studien vorgegeben werden«*. Einziges Ziel des Feldversuches sei es gewesen, *»die kommerziellen Interessen der HPV-Impfstoffhersteller zu vertreten«*. Das Vorgehen der PATH habe *»eine eindeutige Verletzung der Menschenrechte dieser Kinder und Jugendlichen«* dargestellt und sei *»Kindesmissbrauch«* gewesen. Sind Parallelen zu Corona-Impfungen mit den vielen weltweiten Todesfällen und gesundheitlichen Schäden Zufall? Warum befinden sich Haftungsausschlüsse in den Verträgen mit den Impfstoffherstellern?

Chemtrails, ein weiteres Beispiel für die gewünschte Reduzierung der Menschheit?

Passen aufgedeckte Fakten nicht zu den Absichten und damit in´s Bild der Mächtigen, ist die Verunglimpfung zwecks Ablenkung schnell zur Hand. Verschwörungstheoretiker, Aluhutträger (ein präsidialer Begriff unseres Bundespräsidenten), sollen die aufdeckenden Personen mit Unglaubwürdigkeit bis zum Lächerlich machen in´s Abseits stellen und werden pflichtgemäß bis zum niederen Provinzpolitiker aufgegriffen, um die Parteikarriere nicht zu gefährden. Oft mit parallel eingeleiteten Maßnahmen, die der Zerstörung der wirtschaftlichen Existenz dienen. Wer kann das im Zusammenhang mit Corona und den angestrebten Impf-Zwangsmaßnahmen gegen das Menschenrecht leugnen?

Die Chemtrails Theorie wurde bestätigt. Wir werden aus der Luft vergiftet!

Eine der vielen Verschwörungstheorien mit Höhepunkt zur Wende des 20. und 21. Jahrhunderts. Nach der Theorie, die zuvor in vielen Kreisen als absurd empfunden

wurde, enthalten die an einem klaren Tag aus den Trieb-
werken von Flugzeugen abgelassenen Kondensstreifen
Stoffe, die der Vergiftung der Menschheit dienen.

John Holdren, ein prominenter Wissenschaftler und der
damalige Berater von Obama für Wissenschaft und Technologie bestätigte im Rahmen einer offiziellen Rede, dass
das sogenannte Geo-Engineering verschiedene Substanzen
versprüht, deren Ziel ist, die globale Erwärmung zu stoppen. Er gab zu, dass er Experimente durchführte, indem
Partikel aus Barium, Magnesium, Aluminium, Nano-
Fasern und anderer Stoffe in der Luft freigesetzt wurden.
Das (offizielle) Ziel wäre, damit die Bestrahlung des Planeten mit Sonnenlicht zu begrenzen, um die globale Erwärmung zu bekämpfen!!

Bericht des National Institutes of Health: Darin ist zu lesen,
dass das sogenannte Geo-Engineering direkt verantwortlich für die auftretenden Neurotoxine beim Menschen
sind. Diese gelangen in das menschliche Blut und in die
Lunge. Sie können auch zu multipler Sklerose führen.
(Eine Alternative zu den Impfstoffen mit Graphenoxid).

Wie sind deshalb die Versuche einzuordnen? Als For-
schung oder als weiterer Baustein, die Menschheits-Explo-
sion einzudämmen (Bill Gates), genauso wie das Impffi-
asko?

Die Offenbarungen des amerikanischen Wissenschaftlers
waren umso überraschender, da bereits eine Reihe von Studien vorlagen, dass der Kampf gegen die globale Erwärmung keinen Sinn macht, weil diese nicht zu beobachten
ist und der sich abzeichnende Klimawandel nicht von uns
Menschen verursacht ist. Siehe dazu meine Broschüre über

die Grünen, die darauf ausführlich eingeht und bestätigt, was die Spezialisten der Syracuse University feststellten: Dass der Prozess der Temperaturerhöhungen auf der Erde in Zyklen auftritt, was zur Zeit nicht zu sehen ist. Darüber hinaus glauben die Wissenschaftler, dass im Moment die Temperaturen der Erde sinken und die Eiskappen in den Polarregionen nicht schrumpfen. Genauso wie nicht behauptet werden kann, dass CO_2 für die extremen Wetterereignisse verantwortlich ist. Aufgenommene Fotos der NASA von den Wettersatelliten zeigten allerdings wenige Stunden nach Erscheinung der Chemtrails Wetterveränderungen, die für viele Stunden blieben.

Unterstützung durch Abtreibung
»Mein Bauch gehört mir« tönt es von Seiten der Abtreibungsbefürworter. Und diesen Standpunkt vertreten sie mit gesetzlich übergriffigen Maßnahmen.

David Rockefeller war einer der größten Unterstützer der Abtreibungspolitik und traf sich 2008 mit Bill Gates, Warren Buffet, George Soros, Michael Bloomberg und anderen Milliardären, um über den Einsatz finanzieller Mittel und Instrumente zur weiteren Förderung der weltweiten Abtreibung zu entscheiden. Begründet wurde dies mit einer notwendigen Minimierung des weltweiten CO_2-Ausstoßes: weniger Menschen – besseres Klima!

Welcher Geist herrscht?

Christlich ist die Welt, und vor allem Deutschland, nur noch nach dem Etikett. Weltliche Philosophien und Werte haben sich breit gemacht, moralische Werte werden angepasst und neue Theologien tauchen auf. Gottes Weisheit wird ersetzt durch die menschliche »Weisheit«. Menschen stellen sich über die Bibel statt unter sie. Geführt von einem gottesfernen Clan, der verständlicherweise nicht die Bibel als Leitlinie nimmt. Dabei ist kein Unterschied zwischen den Staatsreligionen in Deutschland feststellbar. Genauso wenig bei den Leadern des Weltgeschehens.

Klaus Schwab, der Gründer des WEF hat seit 1993 jährlich ca. 200 Personen zu global leaders ernannt. Einige kamen bereits von mächtigen Familien, aber die meisten standen gerade am Anfang ihrer Karrieren, wie *Annalena Baerbock*.

Die grüne Spitzenkandidatin ist die Wunschkanzlerin des Globalisten Klaus Schwab und seines Weltwirtschaftsforums.

Sie absolvierte dort ein 5-jähriges Führungs-Ausbildungsprogramm und wurde zur »Jungen globalen Führerin« (Young Global Leader) gekürt. Aus dieser Kaderschmiede der Globalisten sind unter anderen auch die spätere Bundeskanzlerin *Angela Merkel*, der spätere spanische Ministerpräsident *José María Aznar*, der spätere EU-Kommissionschef *José Manuel Barroso*, der spätere britische Regierungschef *Tony Blair* und sein späterer Finanzminister Gordon Brown sowie der spätere französische Regierungschef *Nicolas Sarkozy* und auch der spätere bayr. Ministerpräsident *Markus Söder* hervorgegangen.

Foster (1999), Spahn (2016), Kurz (2016), Tony Blair (1993), Macron (2016), Christian Lacroix (1993), Jack Ma (2001), Jean-Claude Juncker (1995), Cem Özdemir (2002), Maischberger (2002), J. K. Rowling (2002), Chelsea Clinton (2013), Christian Wulff (1995) und Tausende mehr...

Diese Menschen kamen von überall und besetzten nach einer Gehirnwäsche bald die mächtigsten Posten in den Schaltzentralen der Welt. So würde auch mit Baerbock wieder eine willfährige Handlangerin der Eliten an die Macht kommen. Wessen Interessen vertritt sie dann wohl?

Klaus Schwab ist der Garant für höchste Positionen. Fast alle für die WEF-Agenda willige Helferlein sind auf ihn zurückzuführen. »Global Leaders for tomorrow« findet man im Internet unter »Young global Leaders«.

Vertreter aus der Zivilgesellschaft qualifizieren WEF als »Club der reichen Unternehmer«, der, außer gute Ideen vorzuschlagen, nur die eigenen Interessen verfolgt.
Referenz: www.swissinfo.ch/ger/multimedia/weltwirtschaftsforum_10-fakten-ueber-das-wef/42850442

Der Feind der Freiheit
Aus dogmatischer Perspektive fordert das WEF, dass eine globalisierte Welt von einer Koalition aus multinationalen Unternehmen, Regierungen und ausgewählten zivilgesellschaftlichen Organisationen regiert werden soll – anstelle von klassischen demokratischen Strukturen, was Initiativen wie »Great Reset« und »Global Redesign« manifestieren. »Ausgewählt« bedeutet in diesem Zusammenhang nichts anderes als eine Form des Kommunismus, in dem die Bürger wie Marionetten gehalten werden. Einen Klima-, einen Wirtschafts- und einen Migrationskommunismus.
Quelle: https://de.wikipedia.org/wiki/Weltwirtschaftsforum

Für das Klima ist die grüne Bevormundungspartei auf dem besten Weg, ihr Ziel zu erreichen.

Gott aber sagt: »*Bei mir zählt nicht die Weisheit der Welt, nicht die Klugheit der Klugen. Ich werde sie verwerfen. Was aber haben sie dann noch zu sagen, all diese gescheiten Leute...*« (1. Korinther 1:19 ff)

In *Epheser 2:2* ist die Rede vom »Lauf dieser Welt« und dem »Fürsten, der in der Luft herrscht«, der »jetzt in den Söhnen des Ungehorsams wirkt«.

Die zweite Stufe zur Beherrschung der Menschen

»*Und es bringt alle dahin, die Kleinen und die Großen, und die Reichen und die Armen, und die Freien und die Knechte, dass sie ein Malzeichen annehmen an ihre rechte Hand oder an ihre Stirn; und dass niemand kaufen oder verkaufen kann als nur der, der das Malzeichen hat, den Namen des Tieres oder die Zahl seines Namens. Hier ist die Weisheit. Wer Verständnis hat, berechne die Zahl des Tieres, denn es ist eines Menschen Zahl; und seine Zahl ist 666*« (Offenbarung 13,16-18). Diese Zahl des Tieres ist die Zahl des Teufels.

Aus China ist bereits ein Bonuspunkteprogramm bekannt. Nicht (Regierungs-) genehmes Verhalten und sonstige Verfehlungen führen zu Minuspunkten und letztlich zu massiven Einschränkungen im täglichen Leben, was bis zu Kontosperrungen führen kann.

Die Überwachung mit Chip-Implantat
Chip-Implantate zur Total-Überwachung galten bis vor einigen Jahren noch als Inkarnation des Horror-SciFi-Romans »1984« von George Orwell.

Inzwischen längst **keine Vision** mehr, wurde er auf der Cebit 2016 bereits vorgeführt und begeistert angenommen. Diese Funkchips sollen in Zukunft möglicherweise unseren Körper fluten, sind individuell programmierbar und machen den gechipten Menschen zum gläsernen, überwachten Bürger. Mit einem implantierten Chip besteht umfassende Kontrolle. Damit weiß man immer, wer wo ist oder war und mit wem er sich getroffen hat. Das wird durch die »Pandemie«, natürlich nur zum Schutz der Menschen,(!) bereits schmackhaft gemacht und uns angewöhnt. Mit möglichen Bequemlichkeiten als Türöffner, Zündschlüssel für Autos, Patientendatenfreischaltung, und vieles mehr. Könnte es sein, dass sie zwecks Überwachung zur Pflicht werden? Natürlich auch zur Überwachung im »homeoffice«. Wer keinen Chip hat (oder nicht das Malzeichen 666 trägt), hat keinen Zugang zu seinem Bankkonto?

Wie konnte es so weit kommen?

Wenn wir die Bibel zu Rate ziehen, lesen wir: *»Wenn ein Volk ohne Weisung ist, verwildert ein Volk; doch es blüht auf, wenn es Gottes Gesetz befolgt«* (Sprüche 29,19).

»Wer das Wort Gottes verachtet, muss dafür büßen; wer aber das Gebot fürchtet, dem wird es gelohnt« (Sprüche 13,13).

Die EU am Rubikon

Dieter Stein, Chefredakteur Junge Freiheit

»Die politische Elite der Europäischen Union hat nichts aus dem Brexit, dem Austritt Großbritanniens aus der EU, gelernt. Im Gegenteil: Der Wegfall eines Landes, das besonders auf die Balance zwischen der Brüsseler Zentralbürokratie und Souveränitätsrechten der Nationalstaaten gepocht hatte, ließ letzte Hemmungen fallen. Die Mehrheitsverhältnisse haben sich zugunsten der Nehmerländer verschoben, Hauptnettozahler Deutschland, präziser seine politische Klasse, ist aufgrund einer unbewältigten nationalen Neurose sogar darin vernarrt, die eigene Staatlichkeit einem europäischen Superstaat zu opfern.

Sinnbild dieser Obsession, die EU am deutschen Wesen genesen zu lassen, ist Kommissionspräsidentin Ursula von der Leyen (vdL) mit ihren größenwahnsinnigen Zielvorgaben eines auf Kosten deutscher Steuerzahler massiv expandierenden EU-Haushaltes und ihrer demonstrativen Herablassung gegenüber osteuropäischen Mitgliedsstaaten, die die Zerstörung ihrer nationalen Identität und Eigenständigkeit fürchten.

Brüssels Vertragsverletzungsverfahren stellt einen massiven Angriff auf unsere nationale Souveränität dar.
Einen massiven Angriff auf die Souveränität des deutschen Nationalstaates stellt nun das von der Europäischen Kommission eingeleitete Vertragsverletzungsverfahren gegen Deutschland dar – allein, weil das Bundesverfassungsgericht es gewagt hatte, ein Urteil zu fällen, das Anleihekäufe der EZB in Frage stellte.

Aufruf von Staatsrechtlern

Gegen dieses Vertragsverletzungsverfahren, das darauf abzielt, dem höchsten deutschen Gericht die Wahrung deutscher Souveränität abzusprechen, formiert sich Protest. In einem Aufruf in der FAZ appellieren 29 renommierte Staatsrechtler – darunter Christian Hillgruber, Josef Isensee und Dietrich Murswiek – an die EU-Kommission, das Verfahren zu stoppen. Die EU sei eine »Gemeinschaft der Staaten und kein Bundesstaat«, die EU habe »keine unbegrenzte Macht«, die Union habe sich verpflichtet, die

»jeweilige nationale Identität« zu wahren. Rücke Brüssel nicht vom Verfahren ab, so warnen die Staatsrechtler, dann würden »die Fliehkräfte der europäischen Integration in einer Zeit gestärkt, in der sich Europa bewähren muss«.

Der Versuch des Brüsseler Establishments, den ungarischen Premier Viktor Orbán als Buhmann der EU zu isolieren, ist ein Beleg dafür. Dass Orbán nun ein Bündnis nationalkonservativer europäischer Kräfte forciert und in ganzseitigen Zeitungsanzeigen vor der Errichtung eines »Superstaates« und einem »europäischen Imperium« warnt, unterstreicht die Dramatik der Eskalation, für die in erster Linie die Zentrale und nicht zuletzt Regierungspolitiker in Deutschland die Verantwortung tragen. Die EU ist dabei, den Rubikon zu überschreiten.«

Der ungezügelte, durch nichts legitimierte Machthunger dieser EU-Kommission ist bestürzend. Jetzt sind anmaßende politische Totengräber, Geisterfahrer und Spalter am Drücker. Je eher ihnen das Handwerk gelegt wird, desto besser, denn Demokratie und Rechtsstaat sind nicht deren erklärte Ziele. Liegt Albert Einstein falsch, wenn er sagt: *»Die Welt ist ein gefährlicher Ort. Nicht wegen jener, die Böses tun, sondern wegen jener, die zuschauen und nichts tun.«*

Die EU in ihrer Form und Bestrebungen ist nicht der »Wunderrat«, der »Friedefürst«, wie ihn die Bibel beschreibt. Diese Zuordnung bezeichnet den König und Gott von Ewigkeit, den Gnadenvollen, Gottes Sohn, den Herrn der Herren – Jesus Christus.

JA zu einem Europa freier Völker!

Unabhängig davon, was aus den globalen Anstrengungen mit einem Neustart wird: Die EU in der aktuellen Form ist inakzeptabel und vom ursprünglichen Gedanken der Gründer deutlich abgedriftet. Deshalb wehren sich immer mehr Mitgliedsstaaten und deren Bürger gegen die Fremdbestimmung durch ein EU-Monstrum, das sie als Gefängnis und Bevormundung empfinden. In dem über ihre Köpfe hinweg über ihr Schicksal, ihre innersten Belange entschieden wird. (Offene Grenzen, Schuldenvergemeinschaftung, Klimaschutz). »Wenn Demokratie und Globalisierung zunehmen, ist kein Platz mehr für den Nationalstaat«.

»Die Idee von Europa sollte die einer freien, friedlichen und in Freundschaft verbundenen Wirtschafts- und Interessengemeinschaft souveräner Staaten sein«. Dr. Sylvia Limmer, (AfD), Mitglied des Europaparlaments

Neu ist der Gedanke nicht. Erinnert er doch an die Gründung der EFTA im Januar 1960, deren Ziel es war, eine Freihandelszone aufzubauen. Als Konkurrent zur damaligen EWG, der späteren Europäischen Gemeinschaft (EG). Wo sich diese EG einmal ideologisch und bevormundend hinentwickelt, hätten sich die damaligen Gründungsmitglieder wohl kaum träumen lassen.

JA zu Europa, NEIN zur EU!

Der *Brexit* Großbritanniens ist ein Beleg dafür. Es ging beim Brexit gegen den Machtanspruch aus Brüssel, vor allem um die befohlene uneingeschränkte Zuwanderung. Die Briten wollten wieder selbst bestimmen und nicht von Eurokraten diktieren lassen, wer auf ihr Staatsgebiet kommen darf und wer nicht. Das Ergebnis der Abstimmung war nie eine Abstimmung gegen Europa, sondern gegen das Brüsseler Diktat der Überfremdung mit all seinen Konsequenzen.

Weiterer Vorteil Großbritanniens: Durch die wieder erlangte Souveränität über die Gesetze des Landes gilt die Jurisdiktion des Europäischen Gerichtshofes in Luxemburg – das Schiedsgericht in EU-Rechtsfragen – nicht mehr für Großbritannien. Diese Freiheit ist den Briten so viel wert, dass sie die zu befürchtenden Einschränkungen mit der ihnen eigenen Kampfmoral durchstehen werden. Eine Moral, die Deutschland mit seiner derzeitigen Regierung nicht aufbringt oder aufbringen will, geschweige denn für Änderungen eintritt. Die AfD ist die einzige vernunftbetonte Partei, die sich derzeitigen Verhältnissen entgegenstellt und Großbritannien folgend – vielleicht übereilt – für den Austritt plädiert. Warum übereilt? Vernünftiger wäre die Stärkung einer Gemeinschaft, die für einen Wandel eintritt, im Sinne der ursprünglichen Planung, ohne diese Ausuferung einer Bevormundung und Einschränkung der Mitgliedsstaaten. Ein Austritt sollte deshalb erst gefordert werden, wenn die Arbeit gleichdenkender Länder keine Früchte bringt, denn Vernunft und gleiche Denkweise setzen sich immer mehr durch.

Aktuell das Aufbegehren der EU-Staaten Polen, Ungarn und Italien mit Mateusz Morawiecki, Viktor Orbán und Matteo Salvini: »Ein großer Fehler der EU ist die Verleugnung ihres christlichen Ursprungs«. (Dazu mehr in Teil 2)

Orbán betonte noch einmal, wieso er der EVP (europ. Volkspartei) den Rücken gekehrt hat. Millionen Bürger hätten in Europa keine wahre Vertretung mehr, nachdem

»die EVP beschlossen hat, Partei zu ergreifen, indem sie mit der Linken zusammenarbeitet«. Zu den Heimatlosen zählte *Orbán* dezidiert die Christdemokraten. Seine Vision: »Wir wollen die lächerliche politische Praktik beenden, wonach die Rechte nur extrem sein kann, die Linke aber immer in der Mitte steht.« Nachvollziehbar, warum *Orbán* von den »sogenannten Christen« angegriffen wird.

Eine Brücke zwischen den rechten Parteien bildeten Werte wie Familie, individuelle Würde und Christentum, sagte *Morawiecki*.

Salvini betonte die Unfähigkeit der Brüsseler Elite im Zuge der Pandemie – und dass »danach« tatsächlich vieles anders sein müsse, aber eben im konservativen Sinne. Dazu zählte der Lega-Chef die Wiederentdeckung der Freiheit und der Familie. Ein großer Fehler der EU sei die Verleugnung ihres christlichen Ursprungs gewesen. (Welche Bedeutung hat das »C« bei unseren sogenannten Volksparteien noch, die sich dem Zeitgeist anbiedern, um einen Machtverlust zu verhindern, was allerdings bei der Wahl deutlich misslungen ist.)

Die Forderung nach einem Dexit ist derzeit ebenso unrealistisch, wie einst die Forderung nach einem Ende der deutschen Teilung »unrealistisch« war!

Teil 2

Ist die EU
in der Bibel prophezeit?

Es ist der Zusammenhang zwischen der Entwicklung und der biblischen Prophetie, die auf eine Vereinigung von Nationen in den letzten Tagen zu einer Weltregierung hinweist, aus welcher der Antichrist während der großen Trübsal für sieben Jahre an die Macht kommt. Zu lesen in Daniel, Kapitel 7, wo seine Visionen beschrieben sind. Dies alles geht der Wiederkunft von Christus auf die Erde voraus und wird als das »wiederbelebte Römische Reich« bezeichnet.

Das wiederbelebte
Römische Reich

Bedeutend ist, dass der Gründungsvertrag für die spätere EU der **Vertrag von Rom** war und die Verantwortlichen der EU selber die EU mit dem Römischen Reich verglichen haben. Henri Spaak, einer der Gründerväter der EU, sagte über den Tag der Unterzeichnung des Vertrags von Rom 1957: »*Wir fühlten uns wie Römer an jenem Tag. Wir erschufen bewusst das römische Reich nochmals neu*«. Romano Prodi, früherer EU-Kommissionspräsident sprach im Oktober 1999 über den Euro: »*Zum ersten Mal seit dem Fall des Römischen Reiches haben wir die Möglichkeit Europa zu vereinen*«.

Hinter diesem letzten Weltreich werden »Ränke geschmiedet«; so hat die EU Macht an sich gerissen.

Die Ausweitung der EU und Israel

Die letzte Ausweitung des Einflusses in die Ukraine und andere Länder der früheren Sowjetunion hat Russland gegen die EU aufgebracht. Russland, als »König aus dem Norden« in Daniels Prophezeiung, gilt als gegnerische Kraft in den letzten Tagen.

Daniel 9,27 spricht über einen Bund mit Israel und dem kommenden Fürsten, der zum Bund mit dem Tod wird (Jesaja 28,18). Daniel 9,26 sieht den kommenden Fürsten im Zusammenhang mit dem Volk, das die Stadt und das Heiligtum zerstörten. (die Römer, die Jerusalem und den Tempel in 70 n.Chr. zerstörten). Dies stimmt mit der EU – dem wiederbelebten Römischen Reich – überein, die sich für ein falsches Friedensabkommen mit Israel einsetzt.

Die EU hat Israel und der Palästinensischen Autonomiebehörde sehr günstige Statusbedingungen für eine Verbindung mit der EU angeboten, wenn sie zu einem Friedensabkommen gelangen können. Sie hat auch Sanktionen gegen Israel vorgeschlagen, falls Israel keine Fortschritte bei der Errichtung eines Palästinenserstaates macht. Die EU-Außenbeauftragte Federica Mogherini setzte für die Gründung eine Frist von fünf Jahren. Wobei der französische Außenminister Laurent Fabius im Januar 2016 die Friedensgespräche wieder zu beleben versuchte. »Käme der Versuch zum Stillstand, wäre eine Anerkennung des Palästinenserstaates die Folge«. Genauso wie in Sachen Afghanistan prägt die Führungselite der westlichen Welt ein unfassbarer Dilettantismus.

Der antichristliche Geist in der EU

Macht kann zu einer Droge werden. Politische Macht kann einen Menschen dazu verleiten, selbstverliebt und größenwahnsinnig zu werden. Beispielhaft ist die Geschichte Nebukadnezars. Wenn man diese liest, staunt man über die Geduld, Langmut und Barmherzigkeit Gottes, die auch ein Ende haben, wenn Starrsinn die Umkehr zu Gott verhindert. Jeder Mensch, der seinen Schöpfer ablehnt und sich Ihm und Seinen Geboten widersetzt, offenbart damit seinen eigenen Wahnsinn. Die Bibel nennt diesen Wahnsinn Torheit oder Dummheit. Gottlosigkeit ist die größte aller Sünden, die im Endeffekt immer im Wahnsinn mündet: im Selbstbetrug, in der Selbstüberschätzung, im Größenwahn, in der geistigen und moralischen Verwirrung und in der geistlichen Finsternis.

Wenn eine Gesellschaft sich von Gott entfernt, Seine Gebote missachtet und Seine Heiligkeit mit Füßen tritt, dann gibt Gott sie dahin. Er lässt sie ihren Weg laufen. Er gibt sie auf. Und dann wird der Wahnsinn der Gottlosigkeit offensichtlich. Er äußert sich heute unter anderem in der Abwendung des Menschen von der göttlichen Schöpfungsordnung. *(MR 10.2021)*

»Wir sind gefangen in der Welt, halten was nicht hält«, heißt es treffend in einem Lied.

Bemerkenswert ist dieser vorherrschende antichristliche Geist auch in der EU. EU-Eliten haben den christlichen Glauben abgestreift und träumen trotzdem von einem universellen Friedensreich. Doch nur wo Jesus, der Gekreuzigte, die Mitte ist, da herrscht Einheit. Da, wo sich alle zu Ihm hin als dem Mittelpunkt ausrichten, da, wo Sein

Thron unser Herz regiert, da, wo Sein Opfer auch für uns die Grundlage gegenseitiger Vergebung ist, da ist Einheit möglich, *indem ihr, schreibt Paulus, mit aller Demut und Sanftmut, mit Langmut einander in Liebe ertragt.* (Eph 4.2).

Weg von der göttlichen Schöpfungsordnung

Ein Christ, der das Verhalten der etablierten jeweiligen europäischen Parteien und deren Wahlprogramme beobachtet, wird mit Erschrecken bemerken, dass sich diese der Befürwortung der Aufrichtung des neuen römischen Reiches (EU), also dem Reich des Antichristen, mit schnellen Schritten annähern *(vgl. Daniel 2 und Offenbarung 13).*

Belege dafür: Abtreibung, Homo-»Ehe«, Gender-Ideologie, Freigabe der Gotteslästerung, Anerkennung der Prostitution als »Beruf«, Behauptung, »der Islam gehört zu Deutschland, mit zunehmender Islamisierung unseres Landes, bei heutiger Verkennung der koranischen Ziele, die von Allah-Fürchtigen auf menschenverachtende Weise durchgesetzt werden. Aktuell in Afghanistan zu beobachten. Still geduldet, ohne spürbare Konsequenzen, genauso wie die zahlreichen Attentate und Tötungen von Frauen wie in Würzburg, die trotz ihrer Häufung kaum noch Beachtung finden. (Frauen sieht der Koran niedriger als Tiere). Nur wenn eine neue Qualität der Grausamkeit erreicht wird, überschreitet die Tat vorübergehend die Wahrnehmungsgrenze.

Nicht zu vergessen die schleichende Islamisierung mit dem Muezzinruf zum Gebet, dessen Genehmigung sich immer mehr ausbreitet.

Ein weiterer Schritt zur muslimischen Übernahme Deutschlands?

Der Muezzin-Ruf, ist nun auch in Köln erlaubt. 35 Moscheegemeinden – jeden Freitag zwischen 12 und 15 Uhr – bis zu fünf Minuten lang. Kölns Oberbürgermeisterin Henriette Reker nennt das ein »Zeichen der Vielfalt«. Diese Erlaubnis spricht wohl eher für Einfalt, Kapitulation, Selbstaufgabe. Der Muezzin steht eher für Orient, Fremdheit und Andersartigkeit. Keine andere Religion steht für den unerbittlichen Fanatismus und die Verfolgung Andersdenkender wie der Islam. Insbesondere Frauen, die aus diesen Ländern geflüchtet sind, werden an ungute Zeiten erinnert. Weil sie den Islam kritisierten und um Unterdrückung zu entgehen, mussten sie mit Verfolgung rechnen.

Der Muezzin-Ruf sagt: »*Allah ist groß, es gibt keinen anderen Gott außer Allah*«. Dieser Ruf steht dafür, dass Vielfalt gerade NICHT toleriert wird, dass Andersgläubige NICHT respektiert werden. Dieser Ruf aus den Lautsprechern ist vor allem eine Machtdemonstration.

Wenn ausgerechnet in Köln der Muezzin jetzt zum Gebet rufen darf – in der Stadt, in der die DITIB-Zentralmoschee steht, ist das ein Kniefall vor einer fremden Religion, die nicht den Gott der Christen repräsentiert. DITIB ist dem türkischen Präsidenten Recep Tayyip Erdogan unterstellt und steht nicht für Freiheit oder Demokratie, sondern für Islamismus, Nationalismus und Judenhass. Man mag einwenden, dass das Christentum seine Bedeutung verloren hat. Der Islam hat seine Anhängerschaft indes nicht verloren. Wer dem Muezzin-Ruf eine ähnliche Stellung einräumt wie den Ursprüngen Europas, der will tatsächlich nicht nur, dass der Islam zu Deutschland gehört;

er öffnet stattdessen dem imperialistischen Motto, dass es »keinen Gott außer Allah« gibt, den Himmel über den Hausdächern.

Aber wer mag das schon wissen von den politischen Eliten. Doch damit nicht genug: Die Islamisierung erreicht auch Leipzig.

Moschee mit 16 Meter hohem Minarett genehmigt
Könnte es sein, dass unsere Kinder und Enkel eines Tages fragen werden: Wie konnte das passieren? Wie konnten fremde Kulturen die Macht über euch erlangen? Wie konntet ihr eure Traditionen, eure Kultur, eure Heimat aufgeben? Wie konntet ihr diesen Weg der Selbstaufgabe hin zum Islam gehen?

Ein Weg, wo die Abschaffung Deutschlands Programm ist. Wo es wichtiger wird, die Gendersternchen zu setzen als nach den wirklichen Bedürfnissen der Menschen zu fragen. Der Menschen, die Deutschland ihre Heimat und ihr Vaterland nennen. Die politische Entwicklung in Berlin lässt das Schlimmste befürchten. Mit den Grünen wird MultiKulti Regierungspartei, der Klimawahn perfektioniert und Deutschland noch mehr geschädigt!

Mit der Asyl-Immigration vom Hindukusch ist eine weitere hochkriminelle, kostspielige und lebensgefährliche Enklave in den multikulturellen Staat eingepflanzt worden. Menschen wurden wieder eingeflogen, die bereits hier waren und kriminell auffielen.

Beispiel Österreich
Von den 44.000 in Österreich lebenden Afghanen wurden im vergangenen Jahr 4.877 straffällig. Diese Minderheit

84

ist damit elfmal so kriminell wie der Bevölkerungsdurchschnitt. Dennoch ist die Abschiebung der angeblich minderjährigen Tatverdächtigen nach der Europäischen Menschenrechtskonvention schwer möglich, wie selbsternannte Asylexperten dem schockierten und zornigen Volk erklären.

In Würzburg macht ein Somalier mit einem 33 cm langen Messer Jagd auf Frauen und Mädchen und ruft »Allahu Akbar«! Dann sticht er zu. Sein Angriffsziel: unverschleierte Frauen, Mädchen, die ihr Haar offen tragen. Möglich war dies, weil er trotz mehrerer Straftaten nicht abgeschoben werden konnte. In Berlin band ein Muslim seine »ungehorsame« Frau mit einem Seil an sein Auto und schleifte sie durch die Straßen. In einem Zug ging ein Muslim mit einem Beil auf Menschen los. Und das sind beileibe keine Einzelfälle, auch wenn sie politisch und medial dazu gemacht werden, Einzelfälle von sogenannten Rechten dagegen wie ein Trommelfeuer durchs Land fegen.

Merkels einsame Entscheidung »wir schaffen das« hat bittere Konsequenzen.

Auf Sicht letztlich ein selbst gewählter Genozid Deutschlands, aber auch anderer europäischer Länder. Wer von den »Bessermenschen« immer noch nicht verstanden hat, will Deutschland scheinbar schaden. Anders kann das nicht interpretiert werden. Als Christen müssen wir uns daran erinnern, dass Gott selbst den Staat beauftragt, das Böse und insbesondere die Gewalt zu unterdrücken und nicht in erster Linie die Gewalttäter zu verstehen und fast zu entschuldigen. Wie aber soll das gehen, wenn Parlamentarier keine Christen sind und deshalb Gottes Wort nicht respektieren, vielleicht gar nicht kennen?

Aufklärend über die Entwicklung: Michel Houellebecq's *»Unterwerfung«* (dumont-buchverlag) und Jelena Tschudinowa's *»Die Moschee Notre-Dame Anno 2048«* (Renovamen-Verlag). Beide Autoren weilen derzeit noch unter den Lebenden, was auf Udo Ulfkotte nicht zutrifft, nachdem er unerwünschte Wahrheiten mit *»Mekka Deutschland – Die stille Islamisierung«* geschrieben hat und auf mysteriöse Weise im Alter von 57 Jahren durch einen Herzinfarkt zu Tode kam. Vermutet wird ein vertuschtes Attentat. Christen haben die Gewissheit, dass das irdische Leben zwar endlich ist, sie aber das ewige Leben bei Jesus Christus erwartet. Deshalb lesen wir in 1. Kor 15,56: »Tod, wo ist dein Stachel?«

Besonders traurig: Auch die CDU hat unter Angela Merkel einen massiven Linksruck (kein Wunder bei ihrer Vergangenheit) hin zu einer sozialistischen (statt christlichen) Politik vollzogen, dem sich die CSU zwecks Machterhalt klaglos anschloss, was unter Söder weiter betrieben wird. Demokratisches Verhalten gegenüber anderen Parteien? Hetze und Unwahrheiten – medial unterstützt – dienen dem Machterhalt. Ehrlichkeit in der Politik? Man wird noch träumen dürfen. Die Wähler haben den Schwarzen für 16 Jahre Merkel die rote Karte gezeigt.

Nebenbei bemerkt: In Deutschland gibt es zur Zeit nur die AfD, die allen diesen Entwicklungen als einzige bürgerlich-konservative Partei, vehement entgegentritt und deshalb massiv bekämpft und verleumdet wird. Als Nicht-rechtsextreme Partei entspricht sie in ihrer Programmatik der CDU vor der Machtübernahme durch eine Angela Merkel, die den links-radikalen Kindergarten Antifa in Ruhe ihr Unwesen treiben lässt.

Für eine gottlose Grundhaltung in der EU-Politik gibt es eine Reihe von Indizien: 2004 sollte der italienische Politiker Rocco Buttiglione EU-Justizkommissar werden. Er wurde jedoch vom zuständigen Ausschuß abgelehnt, weil er es gewagt hatte, Homosexualität als Sünde zu bezeichnen. Unglaublich, dass eine von den Werten des Christentums bestimmte EU einen Kandidaten für ein Kommissionsamt zur unerwünschten Person erklärte, nur weil er öffentlich wiederholt, was in der Bibel steht.

Eines der neueren Projekte des paneuropäischen Neomarxismus ist das sogenannte »Menschenrecht auf körperliche Selbstbestimmung«, eine politische Auswirkung des heidnisch-hedonistischen Weltbildes der stark sexualisierten 68er: Die »sexuellen und reproduktiven Rechte der Frau« werden als »grundlegende Menschenrechte« postuliert und somit die Vernichtung Ungeborener endgültig entkriminalisiert. Ein Recht, dem ungeborenen Menschen seine Würde als Geschöpf abzuerkennen, ist der Bibel fremd.

Die Weichen für ein nicht-christliches Europa wurden gestellt, als sich im Ringen um den Gottesbezug in der EU-Verfassung zum Entsetzen von Papst Benedikt XVI. und vieler anderer Christen die Atheisten durchsetzten. Gott war dem postmodernen Abendland nicht mehr zuzumuten. Im Vertrag von Lissabon ist stattdessen vage die Rede vom »kulturellen, religiösen und humanistischen Erbe Europas«, Gott wurde gleichsam als Mumie ins Museum gestellt. Und der Genderunsinn verfolgt konsequent die Ausblendung von Gottes Wort, wobei inzwischen schon die Sprache von »Göttin« statt »Gott« ist. Wann wachen die Toleranzbesoffenen auf?

Aktuelle Entwicklung zu einer satanischen EU

Die Saat geht auf. Immer verrückter treiben antichristliche Stimmen die Entwicklung der EU mit Förderprogrammen voran. Milliardenhilfen für Gender-, Equality-, LGBTQI- und Integrationsprojekte. Links-grüne Klientelfinanzierung stößt auf wenig Kritik, da praktisch unbemerkt in der Öffentlichkeit. Auch unbemerkt bei den Amtskirchen?

Damit haben die Grünen und linken Parteien ihr Ziel erreicht: Mit dem größten auf diesem Gebiet aufgelegten Programm für »Bürger, Gleichheit, Rechte und Werte« sollen Demokratie und Grundrechte besonders gefördert werden. Das sogenannte, bis 2027 laufende CERV-Programm (Citizens, Equality, Rights and Values Programme) hat ein Etat von 1,55 Milliarden Euro (bis 2027 sollen insgesamt 2,5 Milliarden Euro investiert werden) und steht zivilgesellschaftlichen Organisationen auf europäischer, nationaler und lokaler Ebene sowie Gleichstellungsstellen, Kommunen und anderen Akteuren zur Verfügung.

Nach Angaben des Internet-Nachrichtenportals Euractiv betonte die schwedische Grünen-Politikerin Alice Bah Kuhnke, dass interessierte Organisationen und Verbände die Möglichkeit haben werden, sich direkt in Brüssel oder bei den nationalen Behörden für Fördermittel zu bewerben, was viele bereits auch getan haben. Bah (oder Kuhnke?) unterstrich dabei, dass man auch versucht habe, zu verhindern, dass Gelder in Staaten fließen, »in denen die Regierungen in den vergangenen Jahren beschuldigt wurden, die Grundwerte des Blocks zu untergraben und die Werte verfolgen, die den Werten der EU entgegenstehen«. (Damit meint sie wohl die »Werte« der Grünen). Somit stehen Ungarn und Polen im Fadenkreuz. Sie sind einfach zu christlich in ihren Ansichten.

Auch soll sichergestellt werden, dass zum Beispiel LGB-TQI- oder Frauenrechtsgruppen in Ländern mit »weniger sympathischen Regierungen« von der Finanzierung nicht ausgeschlossen werden. So sollen NGOs in diesen Ländern direkt und in einem vereinfachten Verfahren Zugang zu den Geldern haben, betonte Bah-Kuhnke.

Auf massive Kritik stoßen die beiden Programme lediglich bei der rechten EU-Fraktion Identität & Demokratie (ID). Laut Nicolaus Fest (AfD), Mitglied im Ausschuß für bürgerliche Freiheiten, Justiz und Inneres, versteckt sich hinter dem »hochtrabenden« CERV-Programm eine »Finanzierung von linken Nichtregierungs-, also Lobbyorganisationen für Gender, Abtreibung, Migration und anderem Blödsinn«. Damit sollen, so Fest weiter, »vor allem regierungskritische Akteure in konservativ regierten EU-Mitgliedstaaten wie etwa Polen oder Ungarn unterstützt werden. In der Sache ist es ein Missbrauch von Steuergeldern zum Zwecke links-grüner Klientelfinanzierung«, heißt es in einer Erklärung des 58-jährigen Berliners.

Vor allem aber am CREA-Programm Creative Europe lässt Fest kein gutes Haar. »Das Creative-Europe-Programm war schon in der letzten Legislaturperiode ein Korruptions- und Propagandafonds für linke Minderleister. Jetzt ist es eben ein um 63 Prozent erhöhter Korruptions- und Propagandafonds für Minderleister, und eben alles auf Kosten der Steuerzahler. Und was wird beispielsweise aus dem Creative-Europe-Programm finanziert? Zirkusse, darunter auch äthiopische Zirkusse«, erklärte Fest bei der Aussprache im EU-Parlament, bei der am 19. Mai die Erhöhung des CREA-Progamms auf 2,5 Milliarden Euro beschlossen wurde

Maskulin oder feminin – oder am besten »Beides«

»Gleichzeitig werden auch noch die Genderbücher finanziert – darunter ein sehr schönes über ein schwules Känguruhpärchen, das über eine lesbische Leihmutter ein Kind adoptiert«, sagte Fest und kritisierte die »Desinformation«. Daneben seien auch noch Filme finanziert worden, die man sich auf YouTube angucken kann: »Kissenschlachten von Kindern, die darüber nachdenken sollen, ob sie gleichzeitig maskulin und feminin sind, und Tanzstunden für Migranten und Flüchtlingen, bei denen sich die Leute auf das Kommando »*Fisch*« um den Hals fallen und abschmusen«.

Allein 200.000 Euro seien für Tanz- und Puppenspielkurse für Migranten vorgesehen. 1,4 Millionen Euro sind Fest zufolge sogar für das Programm »Performing Gender« geplant. Ebenfalls 200.000 Euro kostet das Programm »Migrant bodies moving borders«.

»Also wenn das die europäische Kultur ist, dann ist Europa wirklich am Ende«, so das Fazit des AfD-Politikers und sicher auch der Mehrheit der Bürger.

Äußerlichkeiten für eine antichristliche EU

Die zwölf Sterne auf der EU-Flagge stammen von den zwölf Sternen um die Madonna auf römisch-katholischen Bildern (eine Götzenverehrung gegen das biblische Wort). Hinzu kommt der stark wachsende Einfluss des Islam in Europa, der dem biblischen Christentum völlig entgegengesetzt ist. Gefördert durch Ökumene (Judentum und Christentum mit neuerdings Islam).

Eine andere Richtung ist die »politische Korrektheit«, welche das Europäische Parlament verkörpert, wenn sie den Lunacek-Bericht herausgibt. Dieser verlangt von allen EU-Mitgliedsstaaten die politische Agenda der homosexuellen Bewegung und der »Gender-Ideologie« anzunehmen und geltend zu machen. Damit kann die homosexuelle Agenda allen EU-Bürgern aufgezwungen werden.

Der Babylon-Geist in der EU

All das gehört zum »Babylon-Geist«, aus dem der Antichrist emporkommen wird. Die EU hat Symbole direkt aus der Offenbarung übernommen:

- Vor dem Gebäude des Europarates in Brüssel steht eine »Statue der Europa« (eine Frau) die von einem Stier weggetragen wird, ein Bild des griechischen Mythos der Entführung der Europa. Auch Offenbarung 17,1-6 spricht über eine Frau, die auf einem Tier reitet als Symbol einer falschen Religion, die mit der antichristlichen Macht verbunden ist und die wahren Gläubigen an Jesus verfolgt.
- Die EU hat ein Poster mit dem Turm von Babel und folgendem Slogan herausgegeben: *Viele Sprachen, eine Stimme.* Gemeint ist damit nicht das Wort Gottes!!
- Über dem Turm von Babel waren auf dem Poster die Sterne der EU-Flagge, aber umgekehrt, d. h. mit einem Zacken nach unten wie bei der Hexerei.
- Das Gebäude des EU-Parlamentes in Straßburg, eingeweiht im Jahr 2000, ist absichtlich Brughels Gemälde vom Turm zu Babel nachgebaut. Als ein weltlicher Journalist fragte: »Wieso der Turm zu Babel«? antwortete ein EU-Vertreter: *»Was sie vor 3000 Jahren nicht vollenden konnten, werden wir jetzt in Europa fertigstel-*

len.« (In der hebräischen Bibel ist Babel und Babylon das gleiche Wort. Siehe 1. Mose 11,1-9; Offenbarung 18.

Ein Einwand zur EU als wiederbelebtes Römisches Reich ist ihr gegenwärtiger schwacher und geteilter Zustand. Aber es gab auch Zeiten, als das Römische Reich schwach und zerteilt war.

Der Traum Nebukadnezars

Wenn Macht zu einer Droge wird, kann sie einen Menschen zu Selbstverliebtheit und Größenwahn verleiten. Nebukadnezar ist von der Machtdroge berauscht. Er ist auf dem Gipfel seiner Macht angelangt. Er regiert als unumstrittener Herrscher ein riesiges Imperium.

Als Gott ihm durch einen Traum auf spektakuläre Weise die Zukunft offenbart und Daniel ihm den Traum deutet, bekehrt er sich trotzdem nicht zu Jahwe, dem Gott Israels. Er bleibt gottlos und seine Gottlosigkeit treibt ihn in den Wahnsinn. Gottes Geduld mit ihm, sein Langmut und die Barmherzigkeit hat nicht gefruchtet.

In der Statue seines Traumes, der in Daniel 2 ausgelegt wird, ist die letzte Phase der Weltreiche gekennzeichnet durch schwaches und geteiltes Material, *Eisen und Ton*, das sich nicht vermischt.
Daniel 2,41-43: Dass du aber Eisen mit Tonerde vermengt gesehen hast, bedeutet, dass sie sich zwar untereinander vermischen, aber doch nicht aneinander haften werden, wie sich ja Eisen mit Ton nicht vermischt.

Dies bedeutet, dass sich in der Endzeit Nationen vereinigen, aber nicht stabil sind und riskieren, auseinan-

derzufallen. Das ist die Situation mit der EU heute. Eine Anzahl von Krisen bedroht ihre Zukunft. Die Schuldenkrise, verstärkt durch Corona, eine hysterische Klimakrise die den Größenwahnsinn des Menschen und die fatalen Folgen aufzeigt. Der Mensch schickt sich an, sich und seine Welt selbst zu retten. Er wird zum Erlöser der Welt, indem er Klimarettung zur neuen Religion unserer Zeit macht.

Weiters die Kosten durch die Migrationskrise, Energiekrise, die Staatsverschuldung – um nur einiges zu nennen. Merkels Eingang in die Geschichtsbücher als Verantwortliche ist gesichert, für die sie Rechenschaft ablegen muss. Wenn nicht im irdischen Leben, dann sicher am Tag des jüngsten Gerichts, dem keiner entkommt. Doch nicht nur Politiker, Wissenschaftler und der nach Klimarettung schreiende Kindergarten, die Gender-Befürworter, stehen in Gefahr, dass Gott ihren Wahnsinn und Gottlosigkeit offensichtlich macht.

Der Weitblick Paul-Henri Spaak, einer der Gründerväter der EU:
»Wir wollen kein weiteres Komitee, wir haben bereits zu viele. Wir wollen einen Mann mit genügend Statur, demgegenüber alle Leute loyal sind und der uns aus dem wirtschaftlichen Schlamassel herauszieht, in das wir sonst zu versinken drohen. Sende uns einen solchen Mann, sei er Gott oder Teufel, wir wollen ihn annehmen.«
Wenn das antichristliche Reich der Offenbarung aus der EU kommen soll, dann können wir erwarten, dass ein solcher Mann in den Startlöchern sitzt!

Wo uns das Schicksal hinführt, zeigt der geschilderte festgeschriebene Verlauf der Weltgeschichte, dessen Wirkung viele – ähnlich wie ein Frosch in einem kochenden Wasser-kessel – nicht erkennen, bis es zu spät ist. Denn was wir sehen, hängt immer davon ab, wo wir stehen.

Was auf jeden Fall stirbt – und damit ist der geistliche Tod gemeint – ist all dies, was der Mensch abseits von Gottes Willen aus eigener Kraft und Selbstüberschätzung macht. Christen können dieser Entwicklung ruhig entgegen sehen, denn sie ist, genauso wie der Ausgang, in der Bibel unveränderlich festgehalten.

Diese fehlgeleiteten Menschen machen die Rechnung ohne IHN. Der Herr des Universums sitzt nach wie vor auf dem Thron. Er lächelt über diese eigenwilligen Pläne der Macht- und selbsternannten Finanzdiktatoren mit ihrem Geldsystem.

Was will ein komischer Verein, von Menschen gegründet, gegen denjenigen ausrichten, der das All ganz und gar beherrscht? ER hat alles fest im Griff, denn ER ist unser himmlischer Vater und ER lacht über seine Feinde. *(PSALM 37, Vers 13)*.

Vergessen wir deshalb niemals, welche Autorität wir von Gott bekommen haben. Wir sind nicht nur auf dieser Erde, um den Sauerstoff kostenlos zu konsumieren. NEIN, es gibt einen guten Grund, warum wir hier sind und die gleichen Rechte auf dieser Welt wie alle anderen Menschen haben.

Jetzt geht es um das Besinnen, welche Kraft Worte und Taten christlicher Menschen in dieser Welt haben könn-ten, weil Gott ihr Schutzschild ist.

Psalm 91,1-4: Wer unter dem Schirm des Höchsten sitzt und bei ihm, der alle Macht hat, bleiben darf, der sagt zum HERRN: »Meine Zuversicht und meine Burg, mein Gott, auf den ich hoffe.« Du kannst dich darauf verlassen: Der Herr wird dich retten. Er breitet seine Flügel über dich, ganz nahe bei ihm bist du geborgen. Schild und Schutz ist dir seine Treue.

Allerdings:
Wer dennoch in der Sünde leben will, der wird weiter darin leben. Wer seinen Lastern nicht absagen will, der wird weiter daran gebunden bleiben.

Draußen vor den Toren der Stadt (das neue Jerusalem) müssen alle Feinde Gottes bleiben: alle, die Gott den Rükken gekehrt haben und sich mit okkulten Praktiken abgeben, die Ehebrecher und Mörder, alle, die ihren Götzen und Idolen nachjagen, die Lügner und Betrüger. *(Offenbarung 22:11,15).*

Die Frage, die sich stellt: Braucht es eine EU in jetziger Form und geplanter Entwicklung? Sicher nicht. Und da Änderungen nicht erwartbar sind, bleibt letztlich nur die Hoffnung, dass immer mehr Mitgliedsländer aufwachen und für Änderungen einstehen, was das oberste Ziel sein sollte. Ansonsten bliebe nur der Austritt aus dieser unchristlichen Gemeinschaft!

»Unsere Welt ist zersetzt von Lüge, aufgesplittert in Teil- und Halbwahrheiten, umrahmt von Egoismus und Machtstreben, Geltungsbedürfnis und dauerndem Sich-zur-Schau-stellen« sagte Jeremia, der biblische Prophet, sinngemäß schon vor ca. 2600 Jahren!

Oder, um es mit George Orwell (1902-1950) zu sagen: »*Im Zeitalter Welt- umfassender Betrügereien ist das Reden der Wahrheit ein revolutionärer Akt.*«

Quellen:
»UN-Unabhängige Nachrichten«, www.un-nachrichten.de
»Licht für die Endzeit«, Horizon, CH
»Nachbeben« Buch von Jeff Kinley
»Der Islam – eine friedliche Religion? Antwort geben die Fakten«
»Mitternachtsruf/CH«

Anhang

Eine christliche Politik – Wie soll das gehen?

Wer sich mit der geistlichen Entwicklung in Europa und den Folgen beschäftigt, kommt an Jesaja, dem hebräischen Propheten nicht vorbei. Ging es zwar damals um Gottes Gerichte an den Juden und Israel, so sind Parallelen unverkennbar. Gottes Volk wollte damals nichts von Gott wissen. Sieht es heute in Deutschland und vielen europäischen Ländern anders aus? Wie sind die zunehmenden Katastrophen anders einzuordnen?

*Jesaja24: …Die Menschen haben die Erde entweiht, denn sie haben Gottes Gebote und Ordnungen missachtet und so den Bund gebrochen, den er damals für alle Zeiten mit ihnen geschlossen hat. Darum trifft sein Fluch **die ganze Erde** und zehrt sie aus. Die Menschen müssen ihre gerechte Strafe tragen. …Ja, die Schleusen des Himmels öffnen sich, und die Erde wird in der Tiefe erschüttert. Sie bebt, reißt und bricht auseinander. …Die unzähligen Sünden der Menschen lasten schwer auf ihr: Sie bricht darunter zusammen und steht nie wieder auf.*

Damals packte die Angst alle, die von Gott nichts wissen wollten und sie fragten nach einer Lösung. Die Antwort lautete: *Wer gerecht ist und die Wahrheit sagt; wer Ausbeutung und Erpressung verabscheut; wer Bestechungsgelder ablehnt; wer nicht zuschaut, wo Böses geschieht.*

Liest man, was vor Jahrtausenden geweissagt wurde und verfolgt die Gerichte, die der HERR ausführte, sollte klar werden, dass ein Wandel in unserem Land dringend erforderlich ist, denn unbestreitbar entwickelt sich das Geschehen in Richtung der biblischen Offenbarung mit all deren Konsequenzen.

Es braucht eine christlich eingestellte europäische Union, die Gottes Wort wieder umsetzt.
Eine christliche Legislative ist keine neue Idee und Versuche haben immer wieder aufgrund der Entfernung vom christlichen Glauben schon Schiffbruch erlitten – teilweise auch unterstützt von den Amtskirchen.

Für Christen ergeben sich daraus zwei Erkenntnisse und Aufgaben:
1. Die Menschen zur Umkehr bewegen, damit sie nicht verloren gehen (Vordringlich eine Aufgabe der Kirche aber auch jedes Christen).
2. Das politische Geschehen im Licht der Bibel zu betrachten und daraus resultierende Entscheidungen und Maßnahmen abzuleiten, was ebenfalls zur Umkehr ermahnt.

Zur Situation
Bei Betrachtung des politischen Geschehens muss festgestellt werden, dass das Thema Gott und Bibel keine Rolle spielt. Auch selbsternannte »christliche« Parteien mit dem »C« im Namen sind inzwischen davon weit entfernt und passen sich lieber dem Mainstream an, um durch wechselnde Koalitionen an der Macht zu bleiben. Eine klare, konsequente christliche Linie ist nicht feststellbar.

Eine Lücke, die es erfolgreich zu schließen gilt
Dass Themen, die die Menschen europaweit bewegen, immer mehr in den Hintergrund gerieten und diese sich verständlicher Weise vernachlässigt und an den Rand der Gesellschaft gedrängt fühlen und ihr Los eine Altersarmut

sein wird und bereits ist, liegt auf der Hand. Interessen und echte Bedürfnisse der Menschen spielen auf EU-Ebene genauso wenig eine Rolle, wie auf nationaler Ebene.

Mögliche Ausrichtung der EU

• Abschaffung unsinniger Beschlüsse unter dem Deckmantel des Klimaschutzes

• Verschärfung des Strafrechts für illegale Migration: Höchststrafe 4 Jahre; für Schleuser 14 Jahre (Forderung in England!)

• Ein gesetzkonformes Asylsystem mit Wiedereinführung des Dublin-Abkommens, das den Schwächsten hilft, aber nicht von Wirtschaftsmigranten oder Schleusern missbraucht werden kann und in dem Kriminalität nicht belohnt wird

• Bürgerentscheide als demokratische Grundlage gegen politische Willkür

• Neutrales Modernisieren des Schulunterrichts in Bezug auf Schöpfung, Evolution und Islam. Der christliche Glaube muss gefördert, der Verführung ein Ende bereitet werden. Aufbau von Schöpfungsmuseen.

(In den USA gibt es mindestens vier große naturgeschichtliche Museen, in denen nicht Evolution, sondern Schöpfung unter Zuhilfenahme der Archäologie (Ausgrabungen in Israel) gelehrt wird).

Quelle: Der schmale Weg, Heft 3/2021

• Grundsätzliche Orientierung an Gottes Wort, vor allem beim Thema LSBTQI mit Verbot der Gendersprache und Gender-Maßnahmen an staatlich beeinflussbaren Institutionen

• Festigung der Beziehung zu Israel und klar vertretener Standpunkt, dass das Land Israel gehört

• Konsulateinrichtungen in Jerusalem

• Stromversorgung mit der neuesten Atomenergie

- EU-Mitgliedschaft auf den Prüfstand, denn die derzeitige Form ist ein diktatorisches Zentralkomitee nach sowjetischem Vorbild und bedeutet eine Entmachtung nationalstaatlicher Rechte bei gleichzeitig trotzdem höchsten Zahlungen einer freiwilligen Melkkuh Deutschland
- Einstellung von Zahlungen an muslimische Organisationen

Mögliche Forderungen
- Einführung eines monatlichen Pflichtunterrichtes im Parlament zur Bibel
- Strafenkatalog bzw. Entlassungen von Ministern und Abgeordneten bei Schädigungen im Amt (Selbstbereicherer, Krisengewinnler)

Dies alles nach der Ermahnung Timotheus: *»Daher bezeuge ich dir ernstlich vor dem Angesicht Gottes und des Herrn Jesus Christus, der Lebendige und Tote richten wird, um seiner Erscheinung und seines Reiches willen: Verkündige das Wort, tritt dafür ein, es sei gelegen oder ungelegen; überführe, tadle, ermahne mit aller Langmut und Belehrung!«*

»Denn es wird eine Zeit kommen, da werden sie die gesunde Lehre nicht ertragen, sondern sich selbst nach ihren eigenen Lüsten Lehrer beschaffen, weil sie empfindliche Ohren haben; und sie werden ihre Ohren von der Wahrheit abwenden und sich den Legenden zuwenden.« (2.Tim 4,1-4):

Diese Zeit ist weit fortgeschritten!

*

Politik und Schwimmbeckenwasser (ein Vergleich)

– Mikroorganismen – schleimiges – organischer Dreck

Sind Parallelen feststellbar?

Jeder Mensch war schon in einem Schwimmbecken, ob Hallen- oder Freibad und ärgert sich, wenn es mal stark nach Chlor riecht oder das Wasser trüb wird. Schließlich bezahlt man und erwartet eine einwandfreie Wasserqualität als Gegenleistung. Schauen wir einmal hinter die Kulissen, was da so passiert:

Durch Badende werden Verunreinigungen wie Schweiß, Schleim, Hautteilchen, kleine Viecher die sich Mikroorganismen und Viren nennen, eingetragen. Da kann er sich noch so gründlich vorher duschen – aber wer tut das schon? Deshalb sind auch streng riechende fremde Parfümnoten manchmal feststellbar.

Abhilfe soll die Technik schaffen: Eine leistungsfähige Pumpe, die das Wasser im Kreislauf zum Filter transportiert, wo die größeren, vorlauten Störer als Verunreinigung aus dem Wasser ausfiltriert werden, oft unter Zugabe eines Hilfsmittels, sich aber wie die Made im Speck im Filtermedium (meist Sand) festsetzen. Um sie zu entfernen, braucht es eine gründliche Reinigung. Man nennt es Rückspülung des Filters. Funktioniert dieser Vorgang nicht einwandfrei, kann der aufgelockerte Schmutz, Bakterien, Viren (besonders schwierig) wieder in den Kreislauf und damit in das Becken gelangen um sich zu verbünden und eine ergiebige »Partnerschaft« mit neu angekommenen einzugehen. So wächst der Schmutz und verbreitet sich exponentiell immer mehr. (Häufig gebrauchter Begriff beim Corona-Virus).

Er lagert sich am sauberen Desinfektionsmittel an, das diesen Vorgang verhindern soll, umhüllt es und reduziert so seine Wirkung. Die Folge ist der »Gestank« – gebundenes Chlor genannt – der manchen Badenden unangenehm auffällt, wobei sie jedoch keine Möglichkeit der Einflussnahme haben. Sie können lediglich die Verantwortlichen aufmerksam machen und um Abhilfe bitten. Wer von den Zuständigen nun klug ist und an das Wohl seiner Gäste denkt, weil sie sonst das Bad meiden und »abwandern« ergreift wirksame Maßnahmen.

In dem beschriebenen Fall hilft nur noch eine sogenannte »Stoßchlorung«, auch Breakpoint-Chlorung genannt, meist verbunden mit viel Frischwasser. Eine erhöhte Zugabe von Chlor, um den ganzen Dreck wirklich zu beseitigen und damit den Aufenthalt für die Gäste wieder angenehm zu gestalten. Alternativ, wenn die Verunreinigung schon zu stark ist und sich auch noch Viren ausgebreitet haben, schreibt der Gesetzgeber eine Beckenentleerung, gründliche Reinigung und Neufüllung vor. Dazu genügt schon eine einziges im Labor bei den Pflichtuntersuchungen festgestelltes Virus!

Mancher Leser wird jetzt vielleicht denken: Was macht schon ein einziges Virus bei einem Becken mit mehreren 1.000 Litern? Die Gefahr liegt in der gezielten, schnellen Verbreitung und Ansteckungsgefahr durch Leute, die damit infiziert sind, denn Viren gelten als Parasiten, die sich nicht aus eigener Kraft vermehren sondern dazu Wirtszellen brauchen. (Andere Menschen). Klingelt da etwas?

Würde das Gesundheitsamt nicht aus gutem Grund die Kontrolle haben, könnten Bakterien und Viren alle Badenden schädigen.

Und jetzt vergleichen Sie, geneigter Leser, bitte diese Situation mit der Politik und Organisationen wie das WEF, die unser Leben in besonderem Maße beeinflussen und unterjochen wollen. Was bekommt der Bürger für sein Steuergeld als Gegenleistung? Tummeln sich Menschen wie Bakterien und Viren im großen Haifischbecken Politik, und wer ist ein quasi »Gesundheitsamt«, um zu mahnen, Einhalt zu gebieten und vom ganzen krankmachenden Dreck zu reinigen? Die Bibel wäre es als Ratgeber und Gottes Wort. Sie erinnert an die große Flut zu Noahs Zeiten und andere Eingriffe Gottes. Kehrt Vernunft und Rückkehr zu Gott ein? Werfen sich Politiker die vom Steuerzahler unverdienterweise fürstlich bis ans Lebensende finanziell versorgt werden und andere finstere Gesellen in die Pose einer himmlischen Instanz und verbreiten Unrat oder liegt ihnen das Wohl der Bürger am Herzen?

*

Und die Bibel hat doch recht!

Wichtigtuer, sich selbst überschätzende, machthungrige Menschen, verantworten Krisen, erschüttern die Welt. Flüchtlinge, Hunger, Klimavergötterung, Corona, bestimmen das Geschehen. Welcher Geist herrscht? Christlich ist die Welt, und vor allem Deutschland, nur noch nach dem Etikett. Eine Abkehr von der Bibel durch die Europäische Union ist nicht zu übersehen. Weltliche Philosophien und Werte haben sich breit gemacht, moralische Werte werden angepasst und neue Theologien tauchen auf. Gottes Weisheit wird ersetzt durch die eigene »Weisheit«. Menschen stellen sich über die Bibel statt unter sie. Geführt von einem gottesfernen Clan, der verständlicherweise nicht die Bibel als Leitlinie nimmt.

Merke: Auch wenn die Wahrheit in der Gesellschaft außer Mode kommt: Gott und Sein Wort ändern sich nicht. Das sollten gerade Theologen wissen, die unsere Moralvorstellungen abschwächen, um den Menschen ein gutes Gefühl zu geben. Das geht sogar so weit: »Niemand kommt in die Hölle. Die Hölle gibt es gar nicht. Gott will, dass du reich und immer gesund bist. Warum sollten wir an ein Buch glauben, das vor so langer Zeit geschrieben wurde? Du kannst lieben, wen du willst. Nimm deine geschlechtliche Identität in Anspruch, so wie du dich fühlst. Gott wird dich nicht verurteilen, denn er ist ganz und gar Liebe.« Verwundert da die einfach irre und im Widerspruch zur Bibel stehende Entwicklung? Wem vertrauen wir mehr? Dem Wort Gottes oder dem Zeitgeist?

Allerdings verbietet die Bibel gleichgeschlechtliche Beziehungen nicht nur, sie untersagt auch, dieses Verhalten zu billigen oder gutzuheißen. In *Römer 1* kommt Paulus zu dem Schluss: »Obwohl sie das gerechte Urteil Gottes erkennen, dass die des Todes würdig sind, welche so etwas verüben, tun sie diese Dinge nicht nur selbst, sondern haben auch Gefallen an denen, die sie verüben« *(Röm 1,32).* Eine weitere lasterhafte Liste, die homosexuelles Verhalten verurteilt, findet sich in *1. Tim 1,8-10.* Weiter Aufrüttelndes: Die Geschichte von Sodom *(1.Mo 19,1-13; sowie 3.Mo 18,22; 20,13); Röm 1,26-32; 1.Kor 6,9-10)*

Die gleichgeschlechtliche Ehe zu befürworten und sogar zu segnen, ist eine Fehlentwicklung der Kirche. Ein radikaler Wandel, der zwei Jahrtausende christlichen Denkens und christlicher Lehre zurückweist. Der Mensch behauptet nun: »Die Ehe gilt für alle! Wir sind weiter als Gott«. Die Bibel sagt zwar, dass die Ehe zwischen einem Mann und einer Frau stattfindet, wir sagen aber: »Die Ehe gilt auch zwischen zwei Männern oder zwischen zwei Frauen.«

Die Torheit der Gottlosigkeit wird auch im Genderwahnsinn offensichtlich. So soll man sich nun schon zwischen 60 Geschlechtern bei der Anmeldung auf Facebook entscheiden können! Gott hat nur zwei Geschlechter geschaffen und Er sprach: »Es ist sehr gut!« Der Mensch aber sagt heute in seiner Arroganz: »Nein, das ist nicht gut genug! Wir wissen es besser. Es gibt mindestens 60 Geschlechter, und jeder Mensch kann sich sein eigenes Geschlecht aussuchen. Man wird neutral geboren und sucht sich dann sein Geschlecht selber aus und kann es auch immer wieder wechseln.«

Wenn es um Wählerstimmen geht, stellt sich die Politik auf einmal hinter abartige Entwicklungen bürgerlicher Minderheiten. So lässt sich auch die politisch befürwortete Entwicklung der sogenannten Regenbogenfraktion einordnen. Eines Ministerpräsidenten und Oberbürgermeisters in München unwürdig, die sich während der Fußball-EM 2021 weit aus dem Fenster lehnten und mit ihren Aktionen falsche Signale sendeten. (Regenbogenfahnen am Rathaus, Regenbogenmasken als Schutz vor Corona).

Homosexualität war nur der Anfang – der Startschuss
Nachdem der Mensch Gott verloren hat, hat er sich nun auch selbst verloren.

»Der Geist aber sagt ausdrücklich, dass in späteren Zeiten etliche vom Glauben abfallen und sich irreführenden Geistern und Lehren der Dämonen zuwenden werden«. (1.Tim 4,1).

Merke: Christentum, das ist kein Buffet mit biblischen Wahrheiten, an dem wir nur das auswählen, was uns zur Nase steht. Gott stellt das Buffet der Wahrheit zusammen, nicht wir. Es braucht kein Aufrüsten auf – Jesus 2.0, ein neuer und verbesserter Christus für eine neue Generation. Einen »kundengerechten« Erlöser für alle Menschen und Vorlieben, einen sich stets wandelnden Messias.

Muss man sich deshalb wundern, wenn Gott reagiert?
Gott ist geduldig mit den Menschen. Das sehen wir an der Geschichte mit Gottes erwähltem Volk, den Juden. Er strafte, aber verließ sie nicht.

»Wer das Volk Israel antastet, tastet **Gottes Augapfel** *an«*, heißt es beim Propheten Sacharja. Muslime sollten sich diesen Satz im Handeln gegenüber Israel vor Augen halten.
»Ich will dich segnen und du sollst in der ganzen Welt bekannt sein. Ich will dich zum Segen für andere machen. Wer dich segnet, den werde ich auch segnen. Wer dich verflucht, den werde ich auch verfluchen. Alle Völker der Erde werden durch dich gesegnet werden«. (1. Mose 12, 1-3)

Aber immer wenn das Ausmaß der Sünde einen unumkehrbaren Höhepunkt erreichte, griff der Schöpfer in die Natur ein. Denken wir an:
• die Sintflut, weil *»des Menschen Bosheit sehr groß war auf Erden«* (1. Mo 6,5)
• Vernichtung von Sodom und Gomorra *»… ihre Sünde ist sehr schwer«* (1. Mo 18,20)
• und an die Offenbarung. Sie spricht über fürchterliche Entwicklungen in der Natur wegen einer Menschheit,

die nicht mehr bereit ist, zu Gott umzukehren; »*diese liegen dem Gericht Gottes zugrunde*« (Offb 9,20-21; 16,9.11). Etwa 60 Jahre nach Jesu Prophezeiung über die Endzeitseuchen blickte der Apostel Johannes in seinem Exil auf der Insel Patmos in die Zukunft und sah weltweite Seuchen, die in den letzten Tagen Millionen – ja sogar Milliarden – von Menschen töten werden. Pandemien, die die Welt im Griff hatten, genauso wie heute Corona mit den tödlichen und gesundheitsschädlichen Impffolgen. Impfbefürworter und Unterstützer Satans – aber ich wiederhole mich ja – sind (unbewußt?) fleißig am Wirken.

Und heute die Bestätigung
Unwetter, Brände, Vulkanausbrüche, Seuchen und Krankheiten (Pest, Vogelgrippe, Schweinegrippe) erschüttern die Länder und die Zukunft verheißt nichts Gutes.

Um von den echten Problemen abzulenken, oder weil sie es nicht besser wissen, schreiben besonders kluge, aber bibelferne Köpfe dies einem »Klimawandel« zu, den es allerdings über die Jahrtausende immer schon gegeben hat. Eine hochgradige Manipulation der von einer ferngesteuerten autistischen Greta angeführten Jugend. Und die im Gespräch befindlichen Maßnahmen und das Verhalten der Menschen führen zu weiteren ökologischen und wirtschaftlichen Problemen, die diese Leute nicht hören wollen. Wer sich z. B. den Windräder-Unsinn (der den benötigten Strom nie produzieren kann) ansehen will, dem sei eine Fahrt durch Mecklenburg-Vorpommern und Sachsen-Anhalt empfohlen, wo dieser Windräder-Spargelwald ganze Landstriche verschandelt. (Siehe dazu die Broschüre »Die grüne Gefahr – Der Weg in den Öko-Faschismus«).

An dieser Stelle ist eine Bibelstelle erwähnenswert: »*Ich erlaube aber einer Frau nicht, zu lehren, auch nicht, dass sie über den Mann herrscht, sondern sie soll sich still verhalten.*« (1.Tim 2,12). Dieser Hinweis bezieht sich zwar auf die Gemeinde, wäre aber auch in der Politik und vor allem bei den GRÜNEN und LINKEN manchmal durchaus angebracht.

Machen wir uns also nichts vor. Es wird mit der Welt nicht besser werden; die Bibel prophezeit uns deutlich, dass es noch viel schlimmer kommen wird. Es toben teuflische Kräfte mit einem Angriff auf Gottes Wort. Die Nationen machen sich gerichtreif. Ein Großteil der Menschheit hat den Herrn als Schöpfer losgelassen und die Evolution zum Gott gemacht. Zeitgeist statt Heiliger Geist! Und Gott lässt sie gewähren, aber Er sitzt am längeren Hebel.

Dieser Gesinnungswandel hat verheerende Folgen für das gesellschaftliche Leben, in Bezug auf Ethik, Moral und das soziale Verhalten; vor allem in der Politik spürbar. Da ist es auch nicht hilfreich, wenn sich Parteien immer nur dann an den Bürger erinnern, wenn eine Wahl vor der Tür steht, eine Tür, die sie für Gottes Wort fest verriegelt halten. Das All und die Dummheit der Menschen sind grenzenlos (Zitat Albert Einstein) und macht auch vor selbstherrlichen Möchtegern-Politikern nicht halt.

Mehr als durch jedes Virus in der Welt sind wir in der Gesundheit unseres Glaubens bedroht und gefährdet.

„Der Gottlose verlasse seinen Weg … er kehre um zu dem HERRN, so wird er sich seiner erbarmen, … denn er ist reich an Vergebung." (Jesaja 55,7)

*

Hardware »Mensch«

von Armin Steinmeier

Als Gott den Menschen Adam erschuf und ihm Eva bei-
gab, freute er sich über sein Werk und bezeichnete es als
sehr gut. (1.Mose 1)

In der Sprache des Computerzeitalters war damit die per-
fekte Hardware geschaffen.

Als Allwissendem Gott war es für ihn selbstverständlich,
auch ein perfektes Betriebssystem (unsere Seele) zu instal-
lieren – und eine ebenso geniale Software. Er nannte sie
die Zehn Gebote. Nach und nach kam Ergänzungssoft-
ware hinzu, die er den Propheten und später den Aposteln
übermittelte.

Das war auch dringend nötig, da die Menschheit im Allge-
meinen und die Juden als sein erwähltes Volk im Besonde-
ren, immer wieder meinten, kleine, eigenständige Programme entwickeln zu müssen, die mit Gottes Wort nicht
kompatibel waren, was in der Folge zu einigen Programm-
abstürzen (Strafen) führte. (Sintflut, Zerstörung Sodoms
und Gomorras, militärische Belagerungen, Eroberungen
und Exilierungen durch die Assyrer (8.-7. Jh. v. Chr.) und
die Babylonier (6. Jh. v. Chr.).

Manche Bausteine wurden aus Erkenntnis zwar immer
wieder einmal selbst in den »Papierkorb« gelegt, aber nicht
endgültig gelöscht, um sie bei Bedarf wieder herstellen zu
können. Die Geschichte (das Alte Testament) ist voll
davon.

Von der Drohbotschaft zur Frohbotschaft

Gott, als Erfinder der Hardware und perfekter Programmierer sah nur den Ausweg für seine Hardware, sich als Mensch Jesus Christus höchstpersönlich um die notwendigen Softwarebereinigungen zu kümmern, was ihm verständlicher Weise hervorragend gelang und die Voraussetzungen für einen gottgefälligen Betrieb wieder herstellte. *(Römer 10,9; 2. Korinther 5,17; Galather 2,20). Bitte bibeln oder googeln!*

Aber der Mensch wäre nicht Mensch …

wenn nicht seine oftmals komischen Gedanken und Anfälligkeiten immer wieder zur Entwicklung kleinerer Störprogramme führten.

Bis ca. 500 Jahre später einem Menschen Namens Mohammed der große Wurf gelang. Die Entwicklung einer Schummelsoftware unter Anleitung eines anderen »Lehrmeisters« – man kann sie auch »Schadsoftware« nennen – die er als Trojaner in die Hardware Gottes einschmuggelte. Sein Lehrmeister kann nicht derselbe Gott gewesen sein, denn was Gott einmal programmierte, ist in Stein gemeißelt.

»So sollst du nun wissen, dass der HERR, dein Gott, allein Gott ist, der treue Gott, der den Bund und die Barmherzigkeit bis ins tausendste Glied hält denen, die ihn lieben und seine Gebote halten« (5. Mose 7,9)

Diese »Schummelsoftware« sorgt seit Jahrtausenden für Verwirrung, Kriege, Verbrechen an der Menschlichkeit und hält große Teile der Menschheit vom Glauben an den wahren Schöpfergott ab. Zu entfernen ist sie scheinbar nicht – im Gegenteil. Unsere staatlich subventionierten Kirchen haben diese nicht nur längst akzeptiert, sondern in eine Software 2.0 eingearbeitet und programmieren bereits an der Version 3.0 unter Führung der katholischen Kirche, die im Dienste einer Ökumene für Gleichheit sorgen soll. Selbstverständlich der kath. Software mit ihren Dogmen untergeordnet. Der Entwicklungsauftrag: Alles ist gleich gültig, deshalb ist alles gleichgültig.

Menschen ist die entstandene Verwirrung nicht genug. Sie sagen: »Wir haben für jede Lösung ein Problem.« Getreu dem Motto: Wenn man sich Probleme schafft, können auch Lösungen gefunden und programmiert werden. Ob diese in die richtige – Gott gewollte Richtung – gehen, ist eine andere Frage. Man denke nur an die Bausteine »Ehe für alle«, Genderismus, Wiederherstellung des früheren römischen Reiches als Ziel der EU oder NGO-Schleuseraktivitäten, um nur einige Trojaner zu nennen. Einzelne Bausteine, die mit dem Betriebssystem Gottes nichts mehr gemein haben, gehören nicht nur in den Papierkorb, sondern endgültig und unwiderruflich gelöscht.

Wieso diese Entwicklung?
Gottes Geschenk – die Hardware »Mensch« mit Betriebssystem (Seele) – ist von Kindesbeinen ständigen Beeinflussungen durch die Erziehung zu Hause, Kindergarten, Schule, weiterführenden Bildungsstätten, Arbeitsplatz und sogenannten Freunden, ausgesetzt. Gedankengut, das ständig und vermehrt in unserer bedingt gedankenfreien Welt durch Schadsoftware beeinflusst wird, die teilweise sogar Regierungsparteien unterstützen. Das »C« für »Christlich« im Parteinamen hat durch 16 Jahre Merkel an Bedeutung verloren. Gottes reine Software unterliegt ständigen Trojanerangriffen fehlgeleiteter selbsternannter (un)geistlicher Programmierer. Der Zeitgeist taktiert und bestimmt immer mehr. Warnhinweise wie die Sintflut oder der Turm von Babel wurden als überflüssige geschichtliche Ballast-Soft-

ware längst entfernt. Wer möchte sich daran noch erinnern und wie sonst wäre Speicherplatz für eigene Gedanken zu schaffen? Schließlich geht es ja um das Buhlen um Wählerstimmen und die Macht in diesem Erdenleben.

Nur die Rückbesinnung zählt!
Unsere Väter des Grundgesetzes hatten noch klare Vorstellungen und dazu die passenden Programme geschrieben, denen Regierungsmitglieder durch Amtseid eigentlich verpflichtet sind.

»Ich schwöre, dass ich meine Kraft **dem Wohle des deutschen Volkes** *widmen, seinen Nutzen mehren, Schaden von ihm wenden, das Grundgesetz und die Gesetze des Bundes wahren und verteidigen, meine Pflichten gewissenhaft erfüllen und Gerechtigkeit gegen jedermann üben werde.* (So wahr mir Gott helfe.)« Der in Klammern gesetzte Teil ist für Ungläubige freiwillig, obwohl alle Menschen die Hilfe Gottes dringend bräuchten.

Abgeordnete hingegen sind »nur« ihrem Gewissen verantwortlich. Gewissen, ein lästiges Übel in der heutigen Zeit und deshalb auf manchem Parteiencomputer längst – wenn nicht ganz, so zumindest zum Teil – gelöscht.

Schmerzlich vermisst werden in bestimmten Situationen zum Beispiel:
Artikel 3 (1) Alle Menschen sind vor dem Gesetz gleich.
Artikel 5 (1) Jeder hat das Recht, seine Meinung in Wort, Schrift und Bild frei zu äußern und zu verbreiten …

Die beste Lösung

Die beste Lösung wäre, die zugemüllte Festplatte komplett zu löschen, einfach plattzumachen und wieder neu zu beginnen. Mit Gottes Betriebssystem und seiner Software, die er nach wie vor allen Menschen anbietet, denn was die Hardware »Mensch« erwartet, hat Jesus Christus auf eindringliche Weise seinem Diener Johannes offenbart und wurde als unlöschbarer Baustein mit der Bezeichnung »Offenbarung« zur Warnung aller Menschen programmiert.

*

Genfer Flüchtlingskonvention

Auszug aus »Europadämmerung – Ein Essay von Ivan Krastev«

»Die Genfer Flüchtlingskonvention ist ein im Rahmen der Vereinten Nationen abgeschlossener multilateraler Vertrag, der definiert, wer ein Flüchtling ist, und der die Rechte von Menschen, denen Asyl gewährt wird, wie auch die Pflichten der Asyl gewährenden Staaten, umreißt. Artikel 1 in der durch das Protokoll von 1967 ergänzten Fassung definiert den Flüchtling als eine Person, die *aus der begründeten Furcht vor Verfolgung wegen ihrer Rasse, Religion, Nationalität, Zugehörigkeit zu einer bestimmten sozialen Gruppe oder wegen ihrer politischen Überzeugung sich außerhalb des Landes befindet, dessen Staatsangehörigkeit sie besitzt, und den Schutz dieses Landes nicht in Anspruch nehmen will; oder die sich als staatenlose infolge solcher Ereignisse außerhalb des Landes befindet, in welchem sie ihren gewöhnlichen Aufenthalt hat, und nicht dorthin zurückkehren kann oder wegen der erwähnten Befürchtungen nicht dorthin zurückkehren will […].*

»Abkommen über die Rechtsstellung der Flüchtlinge vom 28. Juli 1951 und Protokoll über die Rechtsstellung der Flüchtlinge vom 31. Januar 1967« online verfügbar unter: *http://www.unher.de/fileadmin/user_upload/dokumente/03_profil_begriffe/ genfer_fluechtlingskonvention/Genfer_Fluechtlingskonvention_und_New_ Yorker_Protokoll.pdf (Stand Juni 2017).*

Es liegt auf der Hand, dass die Konvention mit Blick auf Europa formuliert wurde, insbesondere auf die Flüchtlinge des Zweiten Weltkriegs und jene, die in den ersten Jahren des Kalten Kriegs aus dem kommunistischen Osten flohen. **Sie war niemals für große Menschenmassen außerhalb des Westens gedacht, die in den Westen kommen.** Deshalb ist es in rechtlicher wie in praktischer Hinsicht überaus sinnvoll, eine klare Unterscheidung zwischen Flüchtlingen und Migranten zu treffen. Migranten verlassen ihre Heimat in der Hoffnung auf ein besseres Leben, während Flüchtlinge aus ihrer Heimat fliehen, um ihr Leben zu retten«.

Die Ziele und Maßnahmen der NGOs, Linker Unterstützer und sogenannter »Gutmenschen« sind deshalb in diesem Licht zu betrachten und abzulehnen.

*

Ne Cede Malis
Literatursammlung Professor E. Schmäing
V1435-A / 27. April 2015

Energiewende –
einmal bekloppt, immer bekloppt?

von Andrea Andromidas

Vor genau einem Jahr hatte Minister Gabriel seinen hellen Moment, als er beim Besuch des Solarkomponenten-Herstellers SMA am 17. April 2014 in Kassel folgendes sagte: »Die Wahrheit ist, dass die Energiewende kurz vor dem Scheitern steht …. Die Wahrheit ist, dass wir auf allen Feldern die Komplexität der Energiewende unterschätzt haben. Für die meisten anderen Länder in Europa sind wir sowieso Bekloppte.«

Sieben Monate später sprach der Direktor der »Denk«-Fabrik »Agora Energiewende« Dr. Patrick Graichen ganz offen von einer »kollektiven Fehleinschätzung der Gutachterbranche« und wurde am 4. Dezember 2014 mit folgenden Worten in *Die Zeit* zitiert: »Wir haben uns geirrt bei der Energiewende. Nicht nur bei ein paar Details, sondern in einem zentralen Punkt. Die vielen neuen Windräder und Solaranlagen, die Deutschland baut, leisten nicht, was wir uns von ihnen versprochen haben. Wir hatten gehofft, dass sie die schmutzigen Kohlekraftwerke ersetzen würden, die schlimmste Quelle von Treibhausgasen. Aber das tun sie nicht.«

Seither ist die Rede vom sogenannten Energiewende-Paradox, von dem angeblich unvorhergesehenen Unglück, dass der nun seit vier Jahren auf Hochtouren laufende Energieumbau Deutschlands das Gegenteil von dem produzierte, was man eigentlich wollte: Der Markt bevorzugte die preiswerteren Kohlekraftwerke und beförderte die besseren, aber auch teureren Gaskraftwerke in die Pleite. Das Klimaziel ist verfehlt, der Anspruch Klimarettung im Eimer, die CO_2-Emissionen steigen, die Blamage ist perfekt. Aber nicht nur der Umweltschutz ist im Eimer. Erst recht sind die beiden anderen Pfeiler einstmals kompetenter Energiewirtschaft in gefährlicher Schieflage: Versorgungssicherheit und Wirtschaftlichkeit.

Was die Versorgungssicherheit angeht, erzeugt jede extreme Wetterlage die Gefahr eines Blackouts und damit die Notwendigkeit von Kriseninterventionen, deren Zahl von etwa 10 im Jahr 2000 jetzt auf mehr als 3000 im Jahr 2014 angestiegen ist. Von Wirtschaftlichkeit kann keine Rede mehr sein. Im Jahr 2000 betrug der durchschnittliche Strompreis für deutsche Haushalte etwa 14 Cent pro Kilowattstunde, heute liegt dieser Preis bei 29 Cent. Die Gesamtbelastung einschließlich Steuern und Abgaben lag im Jahr 2000 bei knapp sieben Milliarden Euro, heute dagegen bei 35 Milliarden.

Wenn man schon öffentlich zugeben muss, dass man sich so gründlich geirrt hat, dann wäre es doch ganz normal, daraus die Konsequenzen zur sofortigen Umkehr zu ziehen. Das Problem ist aber, dass hier so gut wie nichts normal ist. Warum nicht?

Weil wir es mit ideologischen Geisterfahrern zu tun haben, mit Leuten, denen Wissenschaft ein Fremdwort ist. Ginge es wirklich um die Reduktion von CO_2-Emissionen, dann wären ja gerade Kernkraftwerke das allerbeste. Hier geht es aber um die irrationale Erfindung von Behauptungen. Ideologen geht es überhaupt

nur darum, dass die Glaubensformeln überleben – möglichst länger als die Wirtschaft und selbst dann, wenn der Irrtum schon sichtbar ist.

Für diese Haltung ganz typisch ist die jüngste Kurzschlussreaktion von Minister Gabriel auf die Schlappe mit dem verfehlten Klimaziel: Um der Blamage zu entgehen, verordnete er kurzerhand eine Klima-Strafabgabe für ältere Braunkohlekraftwerke, wohl wissend, dass damit mehrere Zehntausende von Arbeitsplätzen auf dem Spiel stehen, dazu ein wirtschaftlicher Teil des Kraftwerkparks und vielleicht insgesamt der letzte heimische Energieträger.

Solche Entscheidungen sind mittlerweile notorisch. Gerade mal vier Monate nach Gabriels Kasseler Geständnis veröffentlichte sein Ministerium im August 2014 ein Papier, in welchem er forsch verkündet, sie hätten jetzt die Nachteile der Energiewende – einfach gestrichen. Einfach war es schon deshalb, weil nur Nebensächliches auf den Prüfstand kam. Dass die kollektive Fehleinschätzung in der von vornherein irrigen Annahme liegt, dass Wind- und Sonnenenergie im Gegensatz zu Kernkraftwerken beherrschbar seien, kam natürlich keinem der ministerialen Experten überhaupt in den Sinn. Also machte das Ministerium lediglich ein paar Abstriche bei den ohnehin üppigen Subventionen für Neuanlagen und beim Zubau von Biomasse und erklärte: Nun sei alles planbar, berechenbar und sicher, der Siegeszug des »weltweit beachteten Projekts« sei nun möglich.

Zwei Monate später, im August 2014 erschien dann das »Grünbuch« mit dem Titel *Ein Strommarkt für die Energiewende*, ein mit Sicherheit vorläufiger Höhepunkt ökologischer Phantasterei, wie wir gleich sehen werden. Gleich anfangs steht die bemerkenswerte Aussage, dass die Bundesregierung die Aufgabe allein nicht lösen könne, weshalb nun alle aufgerufen seien, diese große Chance zur Modernisierung der deutschen Energieversorgung zum Erfolg zu führen. Auch hier wieder: Die zunehmenden Schwierigkeiten mit der Energiewende liegen nicht am weiterhin geplanten Ausbau von Windrädern und Solaranlagen, sondern an was ganz anderem.

Was fehle, sei ein neues Strommarkt-Design, eine Synchronisierung aller Akteure. Die zur Diskussion aufgerufenen Industrievertreter, Verbände und Gewerkschaften haben, wie immer, die ideologischen Vorgaben widerspruchslos akzeptiert. Sie haben nicht nur nichts unternommen, was einen heilsamen Realitätsschock hätte herbeiführen können, sondern sie haben fast ausnahmslos dazu beigetragen, ein in mehrfacher Hinsicht aussichtsloses Unternehmen auf diesem Kurs zu halten. Dabei kann es eigentlich nicht sein, dass die Mehrheit der in der Industrie Tätigen und hoffentlich noch denkenden Leute nicht mehr imstande sein sollte, den haarsträubenden Unsinn, der schon in der Einleitung serviert und dann noch mehrfach wiederholt wird, als solchen zu erkennen. Zitat auf Seite 6: »Bis zum Ende des Jahres 2022 werden rund 12 Gigawatt Kernkraftwerksleistung in Deutschland vom Netz gehen. Gleichzeitig bewegen wir uns von einem Stromsystem, in dem regelbare Kraftwerke der Stromnachfrage folgen, zu einem insgesamt effizienten Stromsystem, in dem flexible Erzeuger, flexible Verbraucher und Speicher auf das fluktuierende Dargebot aus Wind und Sonne reagieren. (Anmerkung: Die Regelungstechnik ist demzufolge überfordert, wenn die Erzeuger nicht ständig über genügend Reserve verfügen, um auf den flexiblen Bedarf der Verbraucher entsprechend reagieren zu können.) Neue erneuerbare Energie-Anlagen müssen dabei dieselbe Verantwortung für das Gesamtsystem übernehmen wie konventionelle Kraftwerke.«

Einfach peinlich. Der Ideologie nach sind Windräder besser, weil nicht regelbar und effizienter, weil sie manchmal an und manchmal aus sind. Also flexibler, weil unberechenbar. Oder, vielleicht unberechenbar flexibel. Deshalb besser. Auch ein flexibler Verbraucher ist besser, weil er seine Wäsche wäscht, wenn der Wind weht. Darüber hinaus muss diese Technik, gerade weil sie manchmal in Betrieb und manchmal nicht in Betrieb ist, und das noch unberechenbar, dieselbe Verantwortung für das Gesamtsystem übernehmen. Genau wie konventionelle Kraftwerke.

Bemerken Sie die Geisterfahrer in Gabriels Ministerium? Falls wir uns nicht weiterhin vor aller Welt blamieren wollen, müssen wir schnellstens rückgängig machen, was uns vor 15 Jahren auf diesen Holzweg brachte.

Das einschneidende Ereignis war der Entschluss zur Einführung des sogenannten »Erneuerbare Energien Gesetzes« (EEG) aus dem Jahr 2000. Damals wurde entschieden, unsere Stromversorgung vom Wetter abhängig zu machen. Erst 10 Prozent, dann 20 Prozent bis hin zu geplanten 80 Prozent. Das ist der Kern des ideologischen Wahnsinns. Das ist es, was der Rest der Welt mit recht für bekloppt hält. **Deutschland hat ein optimal funktionierendes Energiesystem aufgegeben, nur um dem Wettergott zu opfern**. Anfänglich Milliarden für die Subventionen, dann Milliarden für die Folgekosten – und kein Ende in Sicht.

Welcher durchschnittlich begabte Mensch wird folgenden Zusammenhang nicht verstehen: Selbst wenn wir unseren gesamten Strombedarf theoretisch mit Wind- und Sonnenenergie decken könnten, müssten immer noch über 30 % der Leistung aus konventionellen Kraftwerken erzeugt werden, weil die Stabilität des Versorgungsnetzes ausschließlich durch konventionelle 50-Hz-Kraftwerke gewährleistet werden kann. Wollen wir weder einen Teil unserer Bevölkerung umbringen noch unsere Industrie ruinieren, dann werden wir immer auf dieses 50-Hz-Netz aus Kraftwerken zurückgreifen müssen, egal wie viel Ökostrom das Wetter gelegentlich zu produzieren erlaubt. Heute schon, bei einem Anteil wetterabhängiger Technik von ca. 25 %, hängt die Koordination der Stromversorgung bereits am Wetterdienst – und jedes Kind weiß, wie verlässlich der ist.

Synchronisierung des Strommarktes ist das neue Schlagwort

Dieses zentrale Instrument besteht aus einem ganzen Stab von Bilanzkreisverantwortlichen, die rund um die Uhr arbeiten und einen wirklich schwierigen Job haben. Sie melden im Rahmen der Fahrplananmeldung für jede Viertelstunde des Folgetages an, wie viel Strom sie mit welcher Erzeugungsanlage in das Netz einspeisen oder an welchem Netzanschlusspunkt sie Strom aus dem Netz entnehmen wollen. Da Ökostrom immer Vorfahrt hat, jedoch unklar ist, ob und wie der Wind am nächsten Tag wehen wird oder die Sonne scheint, wird dieser verantwortungsvolle Job zum Lottospiel.

Aber auch dafür gibt es eine Lösung. Der Minister ist sich sicher, dass sich hier ein ganz neuer Markt entwickeln wird, in dem alle wetterabhängigen Spieler um »Flexibilitätsoptionen« feilschen werden.

Es ist vorauszusehen, dass alle jetzt schon vorhandenen Probleme mit steigendem Anteil an wetterabhängiger Technik sich potenzieren werden – und dass alles, sowohl Versorgungssicherheit als auch Wirtschaftlichkeit als auch Umweltschutz, auf der Strecke bleibt. Die fixe Idee, dass Marktjongleure retten könnten, was lange vorher von Sachunkundigen in den Sand gesetzt wurde, entspricht zwar dem Zeitgeist, wird aber nicht funktionieren. **Unsere Industrie, die das Resultat wissenschaftlichen Forschens aus mehr als 200 Jahren ist, hat unter der Führung ideologischer Geisterfahrer keine Chance.** Es ist höchste Zeit, dass Industrieverbände aufhören, sich diesem Irrsinn zu beugen. Es gibt nur einen Ausweg: Wir müssen endlich aufhören, bekloppt zu sein.

1 Der Artikel erschien in »Neue Solidarität« 18/2015 / Tu ne cede malis, sed contra audentior ito! (Vergil). Do not give in to evil but proceed ever more boldly against it.
Weiche dem Unheil nicht, doch geh ihm mutiger entgegen!
V1435-A 2
Die Grüne Populismus fährt diesen Irrsinn weiter, weil mit der Angst Wählerstimmen zu gewinnen sind.

*

Ich habe es satt…

Facebook-Kommentar von Prof. Dr. Knut Löschke

Prof. Dr. Knut Löschke ist ein renommierter Unternehmer und Wissenschaftler. Kürzlich nahm er mit klaren Worten Stellung zur geistigen und politischen Situation in Deutschland. Sein Statement auf Facebook spricht aus dem Herzen:

Ich habe es satt, oder, um es noch klarer auszudrücken: ich habe die Schnauze voll vom permanenten und immer religiöser werdenden Klima-Geschwafel, von Energie-Wende-Phantasien, von Elektroauto-Anbetungen, von Gruselgeschichten über Weltuntergangs-Szenarien von Corona über Feuersbrünste bis Wetterkatastrophen. Ich kann die Leute nicht mehr ertragen, die das täglich in Mikrofone und Kameras schreien oder in Zeitungen drukken. Ich leide darunter miterleben zu müssen, wie aus der Naturwissenschaft eine Hure der Politik gemacht wird.

Ich habe es satt, mir von missbrauchten, pubertierenden Kindern vorschreiben zu lassen, wofür ich mich zu schämen habe. Ich habe es satt, mir von irgendwelchen Gestörten erklären zu lassen, dass ich Schuld habe an Allem und an Jedem – vor allem aber als Deutscher für das frühere, heutige und zukünftige Elend der ganzen Welt.

Ich habe es satt, dass mir religiöse und sexuelle Minderheiten, die ihre wohl verbrieften Minderheitenrechte mit pausenloser medialer Unterstützung schamlos ausnutzen, vorschreiben wollen, was ich tun und sagen darf und was nicht.

Ich habe es satt, wenn völlig Übergeschnappte meine deutsche Muttersprache verhunzen und mir glauben beibringen zu müssen, wie ich mainstream-gerecht zu schreiben und zu sprechen habe.

Ich habe es satt, mitzuerleben, wie völlig Ungebildete, die in ihrem Leben nichts weiter geleistet haben, als das Tragen einer fremden Aktentasche, glauben, Deutschland regieren zu können.

Ich kann es nicht mehr ertragen, wenn unter dem Vorwand einer »bunten Gesellschaft« Recht und Sicherheit dahinschwinden und man abends aus dem Hauptbahnhof kommend, über Dreck, Schmutz, Obdachlose, Drogensüchtige und Beschaffungskriminelle steigen muss, vorbei an vollgekrakelten Wänden.

Ich möchte, dass in meinem Land die Menschen, gleich welchen Geschlechts, welcher Hautfarbe und gleich welcher Herkunft wertgeschätzt und unterstützt werden, die täglich mit ihrer fleißigen, produktiven und Wert schöpfenden Arbeit den Reichtum der ganzen Gesellschaft hervorbringen: die Mitarbeiter in den Unternehmen, die Handwerker, die Freiberufler, die vielen engagierten und sozial handelnden Unternehmer der kleinen und mittelständischen Wirtschaft.

Ich möchte, dass die Lehrer unserer Kinder, die Ärzte und Pfleger unserer Kranken und Hilfebedürftigen die Anerkennung, die Wertschätzung und die Unterstützung erhalten, die sie täglich verdienen. Ich möchte, dass sich die Jungen und Ungestümen in den wohlgesetzten Grenzen unseres Rechtsraumes austoben aber sich auch vor ihren Eltern und Großeltern, vor den Alten und Erfahrenen verneigen, weil sie die Erschaffer ihres Wohlstandes und ihrer Freiheit sind.

https://www.bundestag.de/ausschuesse/weitere_gremien/enquete_ki/ loeschke_knut-648324

Corona: Geschürte Angst und sonstige Machenschaften

Diese Ausarbeitung kann gerne kopiert und verteilt werden. Initiative für die Zusammenstellung war ein lieber Mensch, bedroht von einer bevorstehenden Auflösung des Arbeitsverhältnisses als Arzthelferin, wenn sie sich nicht impfen lässt. Genauso wie viele andere Menschen, die dadurch in soziale Not geraten und denen Einschränkungen psychisch schwer zu schaffen machen. Ihnen allen soll dieser Kapitel Mut machen und Argumente liefern, sich dagegen zur Wehr zu setzen. Juristisch sind die Möglichkeiten gegeben. Die Spaltung der Gesellschaft muss endlich aufhören.

Allen Impfbefürwortern sei geantwortet:
„Wie lange wollt ihr Unverständigen den Unverstand lieben und ihr Spötter Lust am Spotten haben und ihr Toren Erkenntnis hassen?" Sprüche 1,20-22

Machtstrukturen im Hintergrund, die man kennen sollte…
weil sie das Geschehen nicht nur beeinflussen, sondern maßgebend steuern. (Von der Plandemie zur Pandemie)

Dazu stellt sich die Frage: Gibt es tatsächlich Menschen mit Interessen, die nicht dem Wohle der Menschheit dienen, sondern eigenen Vorstellungen und Zielen? Ja, die gibt es. Und damit Zusammenhänge, die der weltweiten Bevölkerung nicht bekannt sind, weil sie von den üblichen Medien verschwiegen werden; denen vielleicht selbst nicht im vollen Umfang bekannt sind, denn heute wird vielfach nicht mehr selbst recherchiert, sondern von anderen Medien „abgeschrieben".

Stellen wir zuerst die Frage: Wer oder was steckt am Beispiel der Corona-Plandemie dahinter?

Der Weg führt zu Milliardären wie George Soros und Bill Gates. Soros besitzt die deutsche Firma Winterthur, die ein chinesisches Labor in Wuhan gebaut hat und von der deutschen Allianz gekauft wurde, die Vanguard (Broker) als Aktionär hat, die wiederum Aktionär von Black Rock ist, die „zufällig" die Zentralbanken kontrolliert und etwa ein Drittel des weltweiten Anlagekapitals verwaltet. Black Rock ist auch „zufällig" ein Großaktionär von Bill Gates Microsoft, der „zufällig" ein Aktionär von Pfizer ist, die einen Impfstoff verkaufen und jetzt der erste Sponsor der WHO sind. In erster Linie geht es also um Geld – um viel Geld!
Quelle: LK News

Wird jetzt klar, wie eine tote Fledermaus, die auf einem Markt in China verkauft wurde, **den ganzen Planeten** infiziert hat?

Lasset die Spiele beginnen!
Wie ein Blitz aus heiterem Himmel tauchte im Dezember 2019 in der chinesischen Millionenstadt Wuhan in dem Labor GlaxoSmithKline, das Pfizer gehört (die den Impfstoff gegen das Virus herstellen) ein Virus auf, das den Namen Corona erhielt. GlaxoSmithKline wird von der Finanzabteilung von Black Rock verwaltet, die die Finanzen der Open Foundation Company (Soros Foundation) verwaltet, die wiederum die französische AXA verwaltet!

Corona wirkt

Menschen fielen auf einmal auf der Straße tot um, füllten die Krankenhäuser, starben massenhaft. Der Ausbruch entwickelte sich rasch zur Pandemie über die ganze Welt. Bilder von Toten, Särge gestapelt in großen Hallen – was sich zwar als Fake herausstellte – ängstigten trotzdem die Menschen. (In den letzten Wochen kursierte wieder ein Video mit vielen schwarzen Plastiksäcken, wo allerdings erkennbar ist, wie ein lebender Mensch Probleme hat, den Plastiksack zu schließen und sich helfen lassen muss.) So entsteht zweckmäßige Propaganda.
https://t.me/CraziiWorld

In den Kliniken in Deutschland wurden Todesfälle Corona zugeordnet, wenn sich der Coronatest bei Einlieferung Kranker mit den unterschiedlichsten Krankheitsbildern positiv zeigte, obwohl kein Zusammenhang bestand. Dies ging sogar so weit, dass man Angehörige fragte, ob man als Todesursache Corona vermerken dürfe. Angeblich sollen sogar Gelder dafür geflossen sein. Offensichtlich, um die Statistik zu fälschen, Angst zu schüren und den Boden für drastische Maßnahmen zum Erreichen ganz anderer Ziele zu bereiten, die Anfang des 21. Jahrhundert von bestimmten Menschen bereits formuliert wurden. Von vorstehend erwähnten Figuren, die über mehrere Milliarden Vermögen verfügen und sich im leichten Größenwahn oder aus Langeweile von einem „normalen" Lebensweg verabschiedet hatten. Vielleicht sind es aber auch soziopathische, korrupte Oligarchen, die einen Krieg gegen Gott führen und den Menschen nicht wohlgesinnt sind. Der Reiz der Beeinflussung, vielleicht sogar Beherrschung der Welt, ist einfach zu groß für diese Menschen. Die Geschichte liefert uns mehrere letztlich immer wieder gescheiterte Beispiele. Verhandlungen zu einem globalen Pandemievertrag der

W.H.O. haben begonnen. Er könnte die Autonomie der Staaten ausheben.
https://tkp.at/2022/03/01

Opfer müssen gebracht werden
Natürlich nicht von Denen und ihren in politischen Ämtern anzutreffenden Anhängern, sondern von Menschen, die für sie nichts anderes als Marionetten sind. Ein „bisschen Schwund" wird in diesen Kreisen auf dem Weg zum egoistischen Ziel als normal betrachtet (siehe Polio-Impfung in Afrika), genauso wie scheinbar das Fälschen von Statistiken. So war es nur verständlich, dass sich nach und nach eine Vielzahl von Todesfällen einstellte, die bei Obduktionen nicht Corona zuzuordnen waren, obwohl vorweg ein Coronatest positiv ausgefallen war. Eine weitere Untersuchung wurde deshalb von höherer Stelle schnell untersagt. Aber Geld floss in Strömen von Regierungsseite, denn parallel wurden durch einen geschickten Schachzug des Bankers Spahn, der den Gesundheitsminister spielen durfte, Kliniken geschlossen und das Bettenangebot in Intensivstationen gegen eine beträchtliche Bettenpauschale als Anreiz reduziert, was für das Argument einer Überbelegung durch Corona-Fälle sehr willkommen war. Eine gute Gelegenheit, die ständig finanziell klammen Häuser zu unterstützen. Und jetzt fließen wieder Zahlungen, um mit Intensiv-Betten aufzurüsten. An das in der Regel unterbezahlte Personal dachte man dabei nicht. Dankbarkeitsklatscher für deren Einsatz mussten genügen. Welch irre Welt!

Impfen als Ziel der Bevölkerungsreduzierung?
Eine vorbeugende Maßnahme vor einer Corona-Erkrankung kann Impfen nicht sein, zumal diese sich nur, mit Notfallzulassung versehen, als schädlich und nicht im vol-

len Umfang wirksam herausstellen. Allenfalls als ein massiver Geldzuwachs (Impfstoffe und Masken) für bestimmte Kreise.

Ntv-Nachrichten vom 29.10.2021 und diverse Internetquellen berichten:

– Über 70% der erfassten COVID-19 Todesfälle in England waren bereits im September vollständig geimpft". 35.924 Menschen starben innerhalb von 21 Tagen, nachdem sie in England in den ersten 8 Monaten des Jahres 2021 einen Covid 19-Impfstoff erhalten hatten, laut ONS-Daten. *www.dailyexpose.uk/2021/11.10…*
– Experten plädieren für Tests von Geimpften
– Intensivmediziner wirbt für Auffrischungsimpfung
– RKI warnt vor zunehmender Ansteckungsgefahr
– Wir werden eine Welle der geimpften (Infizierten) bekommen. Der Impfschutz (…) beträgt gegen die Delta-Variante nur 50 bis 70 Prozent, bei Astrazeneca eher noch weniger. Professor Alexander Kekule (Inzwischen seines Amtes beim RKI enthoben. Tatsachen sind in einer Plandemie nicht erwünscht)!
– Geimpfte können Viruslast weitertragen
– „Es ist (…) nicht unwahrscheinlich, dass bei Großveranstaltungen auch Geimpfte dabei sind, die das Virus übertragen können (…) Dann besteht für den Ungeimpften (…) natürlich eine große Gefahr, sich zu infizieren."
– Experten plädieren für Tests bei Geimpften
Quelle: https://t.me/LKNews2/ (LKNews ist auch Quelle für Graphen-Hydroxid mit detaillierten Erläuterungen!

Grausame Impfschäden bei Neugeborenen:
Quelle:www.wochenblick.at/2-620-tote-babys-nach-impfung-und-berichte-schrecklichernebenwirkungen/öffnen?

Welchen Grund kann es geben, Kinder ohne medizinische Notwendigkeit einer Impfung auszusetzen, die so tödlich ist, obwohl laut dem ehem. Vizepräsidenten Dr. Mike Yeadon von Pfizer für 99,98% kein Risiko besteht?
t.me/freieMedienTV; NeuzeitNachrichten

Offener Brief von rund 380 Ärzten
an Bundeskanzler, Gesundheitsminister von Bund und Ländern, den Dt. Ethikrat, alle im Bundestag vertretenen Parteien, Bundesärztekammer, Kassenärztliche Bundesvereinigung und verschiedene Medien zum Thema „Geringer Nutzen und noch unklare Risiken durch die COVID-Impfungen.
https://www.achgut.com/artikel/aerzte_gegen_impfdruck

Trotz allem hält man an dem Impfwahnsinn fest und verunsichert Arbeitgeber! Dabei scheinbar nicht wissend, dass es ein US-Patent 11107518 gibt, das 50 Seiten Nano-Technologie beschreibt, die bereits in jedem Impfstoff mit Graphenoxid enthalten ist. Diese Technologie ermöglicht die Messung physiologischer Daten wie z. B. Temperatur und Herzfrequenz, die dann zusammen mit dem Standort an eine dritte Partei übertragen werden können. Das ist das Zeichen des Tieres, wie es im christlichen Glauben heißt.

Es geht um die Möglichkeit, Handel zu treiben, die Familie zu ernähren und macht in einem Raster einer Versklavung abhängig, indem der Standort rund um die Uhr bekannt sein wird, wie auch das innere Temperament, weil es die Temperatur und Herzfrequenz messen kann. Die wichtigsten Informationen über GraphenOxid im Zusammenhang mit Covid 19, 5G, Impfung, Transhumanismus und Bevölkerungskontrolle auf: *t.me/GrapheneAgenda*

Weitere Netzfunde

20. November 2021
Geimpfte englische Erwachsene unter 60 Jahren sterben doppelt so häufig wie ungeimpfte Menschen im gleichen Alter. Und das schon seit sechs Monaten. Die im Netz abrufbare Tabelle mag unglaublich oder unmöglich erscheinen, aber sie ist korrekt und basiert auf wöchentlichen Daten der britischen Regierung.

18. Dezember 2021
Studie der Universität Stockholm: Das durch die mRNA produzierte Spike-Protein hemmt die DNA-Reparatur und fördert Langzeitschädigungen wie schwere Zellschädigungen/Krankheitsverläufe

Die Sichersten sind also die Getesteten. Sie haben nachweislich das Virus nicht, während das bei den Geimpften nicht unbedingt der Fall ist. Die Ungeimpften sind damit der Beweis für Schadwirkungen der Impfstoffe.
Während man in immer mehr Ländern sogenannte „Booster"-Impfungen propagiert und sogar verpflichtend machen will, kommt von der Weltgesundheitsorganisation (WHO) Kritik daran. Es gebe „keinen Beweis" dafür, dass diese für Gesunde „irgendeinen größeren Schutz" böten.
https://report24.news/who-sieht-keinen-beweis-fuer-groesseren-schutz-durch-booster-impfungen/

Wo sind die jährlichen Grippetoten geblieben?
Dass Deutschland 2018 allein 25.000 Grippetote hatte, die aus der Statistik seit Corona verschwunden sind, stört niemand. Nun heißen sie halt Coronatote. Gab es in der Vergangenheit derartige Einschränkungen für Grippe-Impfmuffel, wie bei Corona geplant?

Lock down und Maskenpflicht

Verantwortungsbewusste Wissenschaftler, die Corona als
stärkere Grippe bezeichneten und deshalb die Maßnahmen als überzogen bezeichneten, fanden kein Gehör.
Damit aber nicht genug. Nach ca. einem Jahr des Masken-
tragens erkannte man, dass diese blaue Maske „nicht aus-
reicht" und verordnete die FFP 2-Maske – eigentlich vorgesehen für den Klinikbetrieb. Wer sich daran alles als
„Mittler" im Politzirkus wohl bereichert hat? Um den
finanziellen Schaden der aus kaufmännischer Sicht absolut
dämlichen Ausschreibung zu mindern (jeder Anbieter
konnte liefern, soviel er auftreiben konnte, zu einem vorgegebenen, deutlich überhöhten, nicht marktüblichen Preis.
Ein Puffer für Vermittlungsprovisionen sollte schon sein).
Um den eingegangenen Maskenberg abzubauen (mehrere
Container in einer eigens angemieteten Lagerhalle), kam
man, um Schaden von den Verantwortlichen abzuwenden,
auf die clevere Idee, diese mit einem Gutschein für 6 Stück
gegen eine Zuzahlung von 2 Euro unter das Volk zu bringen. Nach längerem Zögern berichtete RTL über dieses
von H. Spahn veranstaltete Chaos, das den Steuerzahler
einen Schaden in fast dreistelliger Millionenhöhe kostete.
(Abnahmeverpflichtung, Lagerkosten; Klagen der über 60
Lieferer durch mehrere Anwälte). Konsequenzen für H.
Spahn? Fehlanzeige! Eine Krähe hackt der anderen kein
Auge aus.

Stand nach fast zwei Jahren

Hat sich etwas geändert in der Bekämpfung? Wurden
andere Wege beschritten, als das Tot-Spritzenfiasko? Wurden Fachleute gehört, die über das „hoch gefährliche"
Virus eine andere Meinung hatten? Natürlich nicht. Passte
ja nicht in das Spritzennarrativ der Pharmalobby und
unserer selbst ernannten „Fachleute", die sich in Talkshows

die Klinke in die Hand geben. Allen voran dieser Mediziner Lauterbach, der sich nach eigenen Worten in die Thematik nächtelang intensiv einlesen musste, weil es nicht sein Fachgebiet war (was tut man nicht alles, um Gesundheitsminister zu werden), sowie politische Schwurbler wie Söder, die sich in ihrer Macht sonnen und alle in das gleiche Horn blasen. Ministerpräsident Kretschmann: „Jetzt werden alle geimpft und dann ist Schluss mit dieser Pandemie." Welch laienhafter Irrtum! Glücklicherweise stehen nun Frühling und Sommer vor der Tür, wo auch die Grippe bekannter Weise keine tragende Rolle spielt. Somit sind neben einer Impfpflicht Lockerungen im Gespräch, bis die nächste Welle dann im Herbst kommt und Lauterbach uns prophetisch vorausschauend seine Todesfälle um die Ohren schlägt.

Im Grunde sind wir keinen Schritt weiter. Im Gegenteil. Inzwischen ist bekannt, dass die eingangs verabreichten Spritzen nicht zielführend sind, weil immer wieder Mutationen auftreten, die ein „boostern" erfordern. Natürlich zusätzlich das Tragen der FFP 2-Maske, denn impfen allein reicht nicht aus.

Der Wahnsinn nimmt seinen Lauf
Die massiven gesundheitlichen Schädigungen und Todesfälle durch Impfstoffe, die nicht das übliche Procedere einer Zulassung aus Zeitgründen durchlaufen haben, nehmen überhand und werden unter den Tisch gekehrt. Weltweite Statistiken sprechen aber Bände. Die Zahl der „Impfdurchbrüche" und „Superspreader" nimmt ständig zu; mit anderen Worten:

Die Impfung taugt nicht und dient ganz anderen Zwecken.
Der einzige Grund dass dies geschieht: Weil wir es zulassen!

Die Ignoranz von Politik und Medien gegenüber dieser Erkenntnis läßt vermuten, daß es sich um ein zynisches, aber gewinnträchtiges Human-Experiment an der Menschheit handelt. Aber nicht nur, wenn man die Äußerungen von Bill Gates zur dringend notwendigen Reduzierung der Übervölkerung und die Entwicklung zu einer Impfpflicht mit ihren Folgen, betrachtet.

Erinnert sei an den Nürnberger Kodex von 1949, der solche Experimente – beziehungsweise Versuche an Menschen – ausdrücklich durch Völkerrecht verbietet! Jetzt mit der Impfung sogar auf Kinder loszugehen – siehe den Todesfall im Landkreis Cuxhaven und viele in den USA – ist Mord!

Kein Wunder, dass bei Kenntnis dieser Sachlage die Impfbereitschaft immer mehr nachließ. Deshalb droht jetzt die Impf**pflicht!** Für Verweigerer sind massive Geldstrafen und Betriebsentlassungen zu erwarten. Mut macht die Sichtweise des Europarates, dass es nicht zu einer Diskriminierung von Ungeimpften kommen darf, wobei seine Beschlüsse keinerlei Bedingungswirkung für die Mitgliedsstaaten haben. (Resolution 2361/2021 vom 27.1.2021) und auch das Grundgesetz dagegen spricht. Niemand darf unter Druck gesetzt werden, sich impfen zu lassen, wenn er dies nicht selbst möchte.

Inzwischen wird mit härteren Bandagen gekämpft, um dem Impfwahnsinn ein Ende zu bereiten und die Verantwortlichen zur Rechenschaft zu ziehen:

Prozess wegen globaler Verbrechen gegen die Menschlichkeit

Der Prozess vor dem Obersten Gerichtshof Kanadas wurde genehmigt und hat begonnen. Ein Team von 1.000 Anwälten und über 10.000 medizinischen Experten unter der Leitung des Deutschen Anwaltes Reiner Fülmich führt den Prozess. Es ist die größte Klage der Geschichte zu Verbrechen gegen die Menschlichkeit namens „Nürnberg 2" gegen die WHO und die Davoser Gruppe WEF unter Leitung von Klaus Schwab.

Reiner Fülmich: „Die haben nichts mit Impfungen zu tun, sondern sind Teil genetischer Experimente". Neben fehlerhaften Tests und falschen Sterbeurkunden, die von korruptem medizinischen Personal erstellt wurden, verstößt der „experimentelle" Impfstoff selbst gegen Artikel 32 der Genfer Konvention. Gemäß Art. 32 des IV. Übereinkommens von 1949 „Verstümmelungen und medizinische oder wissenschaftliche Versuche, die zur Behandlung einer Person nicht erforderlich sind" sind verboten.

Gemäß Art. 147: Die Durchführung biologischer Experimente am Menschen stellt einen schweren Verstoß gegen die Konvention dar. Der „experimentelle" Impfstoff verstößt gegen alle 10 Nürnberger Kodizes, die die Todesstrafe für diejenigen vorsehen, die gegen diese internationalen Verträge verstoßen".

Säuberungen jetzt auch in der Justiz zur Durchsetzung des Coronawahnsinns

Der 13. Senat des Oberverwaltungsgerichts Lüneburg gilt als widerborstig in Sachen Corona. Fünf Tage, nachdem er 2G in Niedersachsen kippte, kommt die Mitteilung, dass für Corona nun ein neu gegründeter Senat zuständig wird.

https://reitschuster.de/post/nach-2g-urteil-saeuberungen-jetzt-auch-in-der-justiz/

Die Corona-Diktatur läuft Amok

Nicht anders kann man die aktuelle Impfpflichtandrohung sehen. Eine Impfpflicht, die bestehenden Gesetzen nicht standhält. Man hofft scheinbar, mit einer geforderten Entlassungsandrohung noch viele Arbeitgeber zu mobilisieren, dass sie auf die Impfung ihrer Mitarbeiter bestehen, so durch die Drohung noch möglichst viele Bürger zur „freiwilligen" Impfung bewegen zu können, um dann großzügig die gesetzlich nicht gedeckte Impfpflicht kurz vor Ultimo zurückzunehmen.

Man kann es nicht anders sagen: Die dunklen Machenschaften unserer Eliten sind gewollt und als kriminell zu bezeichnen. Eltern und Mitarbeiter müssen sich wehren und eine Haftungsgarantie für Impfschäden verlangen – mit rechtsverbindlicher Unterschrift, wenn eine Impfung aus beruflichen oder sonstigen Gründen unabwendbar erscheint!

Die Pharmaindustrie hat diese Garantieleistung ja vorsorglich ausgeklammert, was nachdenklich machen sollte. Sie will einen Freibrief für Impfschäden und fordert rechtliche Absicherung gegen Klagen, so titelte die Financial Times – da sie Klagen befürchtet, sollten die von ihr entwickelten Impfstoffe gefährliche Nebenwirkungen haben. Das Risiko sei bei der eiligen Entwicklung von Impfstoffen

„unvermeidlich" so die Lobbygruppe Vaccines Europe (u.a. Merck, Pfizer). Deshalb fordert die Pharma-Lobby vorab rechtliche Absicherung gegen Klagen, so die Financial Times. Vielleicht der Grund, warum von der Leyen (Kommissionspräsidentin) die Verträge an die Parlamentarier nur großteils geschwärzt herausgab. Darüber existiert eine Rede eines Parlamentariers im Netz, der dies aufgriff und die geschwärzten Seiten zeigte.

Auch interessant: Biontech selbst weist in seinem Geschäftsbericht von Oktober 2019 vor dem Gang an die Börse auf die folgenden Risiken hin: *Die von uns entwickelten Produktkandidaten können nicht oder nur mäßig wirksam sein oder unerwünschte oder unbeabsichtigte Nebenwirkungen, Toxizitäten oder andere Eigenschaften aufweisen…*

Zahlen der EMA: 1.163.356 Fälle von Nebenwirkungen und 30.551 Todesfälle nach Covid-Impfungen.
Quelle: uncut-news.ch, 21. Nov.2021

Und da wundern sich Politiker, dass bei sich informierenden Menschen – nicht aus den staatstreuen Medien – Skepsis und Verweigerung aufgetreten ist und kein Vertrauen mehr in die Politiker besteht? Ein weltweiter Sturmlauf durch friedliche Proteste die Folge ist?

Es würde zu weit führen, hier auf Details vertiefend einzugehen. Dazu empfehle ich das Buch von Dr. Karina Reiss und Dr. Sucharit Bhakdi (Fachleute, die etwas von ihrer Arbeit verstehen.) „CORONA FEHLALARM? – Killervirus oder Grippe?" Zahlen, Daten und Hintergründe.
https://www.rundschau.info/studie-zur-uebersterblichkeit-je-hoeher-die-impfquote-desto-hoeher-die-uebersterblichkeit/

Auszug daraus:

Was hat unsere Regierung falsch gemacht?

- Eine Epidemie von nationaler Tragweite ausgerufen, die es nicht gab;
- Den Bürgern dieses Landes ihre Mündigkeit abgesprochen;
- Willkürliche anstatt evidenzbasierte Entscheidungen getroffen;
- Angst und Verunsicherung verbreitet, anstatt Aufklärung zu betreiben;
- Sinnlose Lockdowns und widersprüchliche Maskenpflicht eingeführt;
- Maßnahmen nicht aufgehoben, als klar wurde, dass diese nicht verfassungsgemäß waren;
- Die Wirtschaft geschädigt und Existenzen vernichtet;
- Geld in die sinnlose Entwicklung eines Impfstoffes verschwendet;
- Immense gesundheitliche Schäden und Leid in der Bevölkerung verursacht;

Was hätte unsere Regierung tun sollen?

Das, was die Kanzlerin und die Minister in ihrem Amtseid geschworen haben: *„Ich schwöre, dass ich meine Kraft dem WOHLE des deutschen Volkes widmen, seinen NUTZEN mehren, SCHADEN von ihm wenden, das Grundgesetz und die Gesetze des Bundes wahren und verteidigen, meine Pflichten gewissenhaft erfüllen und Gerechtigkeit gegen jedermann üben werde."*

Der Zusatz „so wahr mir Gott helfe" scheint nicht mehr opportun. Olaf Scholz hat bei seinem Amtseid auf den Gotteszusatz verzichtet. Sieben Minister taten es ihm gleich. Gerade in einem so verantwortungsvollen Amt sollte man Gottes Hilfe nicht ausschlagen. Bezeichnend für unsere Zeit.

Allerdings ist auch bezeichnend, dass Deutschland nun einen Bundeskanzler hat, der in seiner Zeit als Bürgermeister und Finanzminister mehrmals versagt hat, ohne Konsequenzen tragen zu müssen (Bankenaffäre, Wirecard, Cum-Ex). Sowie dass eine Außenministerin mit Lebenslauffälschung und ein Superministerium installiert wurde, das den Klimawahnsinn nun ungebremst vorantreiben kann. Da lässt sich nur sagen: Gute Nacht Deutschland.

Schauen wir auf die Hintergründe
Dazu muss man wissen, dass es Leute wie Bill Gates, George Soros und Klaus Schwab gibt, Milliardäre, die – wie eingangs erwähnt – ihre eigenen Ziele verfolgen.

Kann es sein …
• dass eine Gruppe von etwa 3.000 superreichen Menschen im Hintergrund die Fäden mit dem Ziel der vollen Kontrolle über die Menschen ziehen, über die die Öffentlichkeit nichts erfährt? Dass sie dazu Ärzte, Krankenhauspersonal und Politiker bestechen und Menschen, die nicht kooperieren, gefährdet sind? Mit Entlassungen zu rechnen haben?
• dass die Mainstream-Medien bei diesem Spiel mitmachen und sagen, dass die meisten Menschen Maßnahmen und Impfstoffe befürworten würden?
• dass es um die Durchführung biologischer Experimente am Menschen geht, die ursprünglich für das Jahr 2050 geplant waren, dann aber aus Gier auf 2020 vorgezogen wurden, weshalb in der Eile Fehler passierten, die zu den bekannten Nebenwirkungen und Todesfällen führten?

- dass es Vereinigungen wie z. B. WEF gibt, die junge Menschen als Young Leader ausbildet und dafür sorgt, dass diese in der Politik zu Amt und Würden kommen, um dann im Sinne der Mächtigen zu agieren?
- dass die EU nicht mehr die Gründungsziele verfolgt, sondern Staaten immer mehr entmachtet, mit dem Ziel einer antichristlichen Global World ?
- dass „Europa" das Hauptschlachtfeld dieses Krieges ist, weil es komplett bankrott ist, was vertuscht werden muss?
- dass Corona künstlich geschaffen wurde, um als Basis für den Zusammenschluss zu einer Global World die Weichen zu stellen?
- dass ein Impfstoff sicher ist, wenn die Hersteller Moderna und Pfizer eine Haftung bei Nebenwirkungen explizit ausschließen?
- dass es wirklich um Sicherheit geht, wenn zahlreiche Kongressmitglieder Pharmaaktien besitzen?
- dass das Virus wirklich so gefährlich ist, wenn in den USA alle Repräsentanten des Repräsentantenhauses, alle US-Senatoren, alle Mitarbeiter des Kongresses, 6.000 Mitarbeiter des Weißen Hauses; alle Mitarbeiter von Pfizer (2.500), Moderne (1.500) und Johnson & Johnson (120.000); 15.000 Mitarbeiter der CDC und 14.000 Mitarbeiter der FDA von der Impfung befreit sind?
- dass Politiker an den Schaltstellen der Macht willige „WEF"-Werkzeuge sind für eine Global World?
- dass Bill Gates und George Soros mit ihren Milliarden an allen wichtigen Stellen (Pharmaindustrie, Medien) ihre Finger im Spiel haben, sponsern und beeinflussen?
- dass Medikamente wie Ivermectin verteufelt werden, weil finanzielle Ziele und der Wunsch Bill Gates nach Reduzierung der Menschheit aufgrund einer Übervölkerung, dagegen stehen? (Obwohl hunderte von Studien

und auch Praxiseinsätze die Wirksamkeit gegen Covid bestätigen, das Medikament von der FDA zugelassen ist und auch in Japan freigegeben wurde? Genauso wie der Vitamin-D-Spiegel zur Steigerung der Abwehrkräfte nicht erwähnt wird?

Beispiele zu Ivermectin:

• Ein Covid-Patient erholt sich, nachdem das Gericht das Krankenhaus zur Behandlung mit Ivermectin gezwungen hat. *uncut-news.ch – 7.12.21*

• Hervorragende Erfolge in der Münchner Klinik Barmherzige Brüder, werden auf youtube vorgestellt von den behandelnden Ärzten. Am nächsten Tag ein „zaghafter" Widerruf durch die Klinikleitung und Sprecherin durch Bayern24.

• Ein 71-jähriger, schwerkranker Covid-Patient im Edward Hospital in Naperville, Illinois konnte nach der Behandlung mit Ivermectin aus dem Krankenhaus vollständig erholt wieder entlassen werden, nachdem er vorher 22 Tage lang an einem Beatmungsgerät hing. Das Krankenhaus hatte der Behandlung erst zugestimmt, nachdem seine Tochter eine gerichtliche Verfügung erwirkte. Die Behandlung mit Ivermectin dauerte lediglich fünf Tage.

• dass die Steigerung der Abwehrkräfte mit Vitamin D3 als preisgünstige, erfolgreiche Methode bewusst ignoriert wird und auch keine Untersuchungen des D3-Gehaltes bei Corona zugeschriebenen Todesfällen erfolgten und erfolgen sollen?

• dass die Bibel als Gottes Wort also doch recht hat, weil die Entwicklung, wie wir sie erleben, schon vor ca. 3000 Jahren eindrücklich beschrieben wurde? **JA, es kann sein, weil König David vorausschauend sagte: „Umso mehr die gottlosen Feinde die Überhand haben, desto übermütiger werden sie?"**

Covid 19 kann nur als weltweiter Betrug von kriminellen Geistern und deren politischen und medialen Unterstützern gesehen werden. Sie alle haben an verantwortungsvollen Positionen nichts verloren und werden ihrer gerechten Strafe nicht entgehen.

Fünf Fragen an Covid-Impfbefürworter
t.me/der_impulsgeber

1. Wenn jedes Jahr eine Auffrischungsimpfung erforderlich ist, kann man dann jemals vollständig geimpft sein?
2. Warum kommt es in Ländern wie Singapur, wo 84,3% der Bevölkerung geimpft sind, immer noch zu einem starken Anstieg der Coronafälle?
3. Warum ist die Sicherheit der Angst vor Ansteckung wichtiger als die Sicherheit der Angst vor fehlenden Langzeittests?
4. Wenn der Impfstoff von Moderna und Pfizer sicher ist, warum sind die Firmen dann immun gegen Haftung, wenn schwere Nebenwirkungen auftreten?
5. Wenn wir wissen, dass es eine Drehtür zwischen der Pharmaindustrie und der Regierung gibt und dass zahlreiche Kongressmitglieder Pharmaaktien besitzen, geht es dann bei dem Bestreben, alle Menschen impfen zu lassen, wirklich um Sicherheit oder um Geld?

Und ergänzend:
Warum hat Ratspräsidentin Frau von der Leyen den Vertrag mit der Pharmaindustrie bzgl. Impfstofflieferungen erst unter Zwang an das EU-Parlament herausgegeben und auf den meisten Seiten durch Schwärzung unleserlich gemacht? Was gibt es zu vertuschen? Ihre Unfähigkeit ist ja bekannt und hat sie bereits umfassend bei ihren Jobs in Berlin unter Beweis gestellt.

Hören wir auch die Seite von ehrlichen Fachleuten

„COVID-19-Infektionen sind besonders zu Beginn sehr gut behandelbar, aber die Therapiemöglichkeiten werden trotz guter Wirksamkeit weltweit nicht erkannt. Wieso? Die Impfung ist ein experimentelles Medikament. Kinder erkranken sehr selten schwer an Covid und die Impfung birgt zum Teil hohe unabschätzbare Risiken. Politik, die uns zu so einer Impfung nötigt, begeht Verbrechen." *Dr. Maria Hubmer-Mogg, Ärztin.*

„Das neue Virus SARS-CoV-2 stammt mit an Sicherheit grenzender Wahrscheinlichkeit, zu 99,8%, aus einem Labor. Die Maßnahmen sind völlig falsch. Die Impfung schützt nur unzureichend, hat aber dafür viele Nebenwirkungen. Medizinisch ist die Frage relativ einfach zu beantworten und da müsste man sagen: Es gibt keinen Grund für diese Form des Vorgehens. Das ist eine politische Entscheidung, und man muss die Politiker fragen, wieso sie das tun … " *Prof. Dr. Dr. Martin Haditsch, Facharzt für Hygiene und Mikrobiologie, Infekiologie und Tropenmedizin sowie für Virologie und Infektionsepidemiologie.*

„Es ist völlig ungerechtfertigt, COVID-19 als ein Killer-Virus hinzustellen, was es einfach nicht ist." *Dr. Claus Köhnlein, Internist und Sportmediziner.*

Er recherchierte vor allem zu den Schockbildern von Bergamo und der kurzfristigen Übersterblichkeit im Frühjahr 2020 in Norditalien: *„Der Grund war eine klinische Fehlbehandlung, empfohlen durch die WHO! Vor dieser Übersterblichkeit wird heute noch immer gezielt Angst verbreitet."*

„Die neuartige mRNA-Impfung bringt das menschliche Immunsystem dazu, den eigenen Körper anzugreifen. Die

Corona-Impfung muss also als eine „programmierte Selbst-Zerstörung des Körpers" bezeichnet werden. Die Covid 19-Impfung ist nutzlos und gefährlich. Die Masse sei durch Angstmache manipuliert und konditioniert, die Maßnahmen seien leider völlig willkürlich. In der „Pandemie" habe man sich von vernünftigen Argumenten entfernt." *Dr. Dr. Christian Fiala, Allgemeinmediziner, Gynäkologe und Wissenschaftler, spezialisiert auf Tropenkrankheiten und Epidemiologie mit 30 Jahre Erfahrung im In- und Ausland.*

„Die Corona-Panik ist eine Inszenierung. Sie ist ein Betrüger-Trick. Es ist höchste Zeit, dass wir verstehen, dass wir inmitten eines weltweiten mafiösen Verbrechens sind." *Dr. Heiko Schöning, Arzt und Analyst, der aufgrund seiner umfangreichen Recherchen und Analysen bereit vier Monate vor Bekanntwerden des „Corona-Virus aus Wuhan" vor einer Virus- und Erregerpanik für das Jahr 2020 warnte.* Schöning hat sich ausführlich mit globaler Politik, Machtstrukturen und Pharmakonzernen beschäftigt und ist überzeugt, dass diese Kreise wie kriminelle mafiöse Strukturen agieren.

„Das, was punkto Corona passiert, hat nichts mit Medizin zu tun. Die kommunistische Diktatur war nichts gegen heute." *Dr. Margareta Griesz-Brisson, Neurologin mit Gutachterpraxis und neurologischer Praxis.* Ihr Widerstand begann schon beim verordneten Zwang zu nutzlosen Stoffmasken.

„Handelsübliche Masken haben eine Durchlässigkeit von 80-500 Micrometer, die durch regelmäßige Wäsche noch größer wird. Coronaviren hingegen haben eine Größe von 0,08 Micrometer und bieten dadurch keinerlei Schutz.

Bei Corona handelt es sich um eine „mittelschwere Grippe" sodass ein starker Wirt (Abwehrkräfte) dem Erreger begegnen kann. Dies kann ich aus Praxiserfahrungen im Verwandten- und Bekanntenkreis bestätigen.

Durch die Maskenpflicht wird – vor allem bei verängstigten alten Leuten mit geringeren Abwehrkräften – weiterer Schaden gefördert. (Auf Sauerstoffmangel reagiert das Gehirn sehr empfindlich und wird auf Dauer geschädigt (CO_2-Überflutung). Die Rückatmung führt zu Symptomen wie Kopfschmerzen, Schwindel, Konzentrationsstörungen, langsamerer Reaktionszeit). Bei chronischem Mangel verschwinden diese Erscheinungen, aber die Leistungsfähigkeit bleibt beeinträchtigt und schreitet fort (Unterversorgung. Nervenzellen teilen sich kaum und werden auch nicht zurückgewonnen).

Händedesinfektion kann zu Allergien und Ekzemen führen, nachdem viele (getestete?) Produkte kurzfristig auf den Markt geworfen wurden. Nicht zu vergessen die Quarantänemaßnahmen und das Abstandhalten, was sich brutal auf die Psyche auswirkt.
Neurologin rumänischer Herkunft mit Gutachterpraxis in Deutschland und neurologischer Praxis in London. Margareta ... (Nachname Krisbreson o.ä.)

Weitere Netzfunde

1. „Im irländischen Waterford waren im Oktober 2021 satte 99,7% der Erwachsenen geimpft, trotzdem hatte Waterford im Oktober die höchste Infektionsrate im ganzen Land, wie die „Irish Timer" berichtete."

2. „Fast alle Krankenhäuser verweigern Transparenz und berichten nicht, wie viele Patienten „mit Impfung" behandelt werden. Zufallsfund: Die „Vorarlberger Krankenhäuser" meldeten am 12. Oktober 2021 63 Prozent stationäre Patienten mit doppelter Impfung."

3. „Im Zeitraum 13. September bis 10. Oktober 2021 meldete die österreichische Gesundheitsagentur AGES: 60,82 Prozent der COVID-Neuerkrankungen über 60 Jahren mit Symptomen waren doppelt geimpft."

4. „Schon im Sommer gab es im Vorzeigeland Israel eine hohe Durchimpfungsrate, trotzdem explodierten die COVID-Neuerkrankungen im September 2021. Israel bereitet nun die vierte! Impfung vor."

5. „Noch am 27. Februar 2021 titelte die BILD-Zeitung: „Geimpfte sind NICHT mehr ansteckend!"

Säuberungen jetzt auch in der Justiz
Der 13. Senat des Oberverwaltungsgerichts Lüneburg gilt als widerborstig in Sachen Corona. Fünf Tage, nachdem er 2G in Niedersachsen kippte, kommt die Mitteilung, dass für Corona nun ein neu gegründeter Senat zuständig wird.
https://reitschuster.de/post/nach-2g-urteil-saeuberungen-jetzt-auch-in-der-justiz/

Zusammenfassend: **Rücksichtslose Gesellen, die eine „GlobalWorld" anstreben, nützen Corona, um durch Angst und Einschränkungen in der Bevölkerung die Basis zu schaffen. Die Bibel spricht von Zeichen der letzten Zeit (2. Timotheus 3:1-4) und von dem kommenden Antichristen.**

Impfbefürworter, darunter (gekaufte?) Prominente, werden ihr schändliches Ziel trotz aller Anstrengungen nicht erreichen. Lassen wir uns deshalb nicht verunsichern. Wir sind Millionen, die Gegenseite im Vergleich eine Handvoll, unterstützt von einigen Chaoten, Machtmenschen, Krisengewinnlern und Verführten. Vielleicht besinnen sich auch noch irgendwann die mit Steuergeld staatlich finanzierten Kirchen Ihrer Verantwortung und Aufgabe. Ebenso Betriebe und Praxen, die den Umfang wie hier beschrieben, nicht kannten und deshalb „noch" auf eine Impfung für eine Weiterbeschäftigung bestehen.

Die Menschheit ist aus göttlicher Sicht in einem katastrophalen Zustand. Jesaja hat es so beschrieben: „Finsternis bedeckt die Erde und tiefes Dunkel die Völker" *(Jes 60,2)*

Der Autor

Armin Steinmeier, geboren 1945, selbstständiger Industrie-kaufmann, parteifrei, Angehöriger einer freien christlichen Gemeinde, Publizist und Autor.

Nachfolgende Veröffentlichungen können gerne bestellt werden.
steinmeier.armin@arcor.de

Bücher:

Der Islam – eine friedliche Religion? Antwort geben Fakten
Bayern im Jahr 2040 – Die Gallier Deutschlands
Die grüne Gefahr – Der Weg in den Öko-Faschismus

Aufsätze:

Der Berufspolitiker – Ein Traumjob für clevere Menschen, die nie etwas gelernt oder gearbeitet haben
Der gewollte Untergang Europas Identität
Die Firma – Der Staat als größter Konzern
Haben wir alle den gleichen Gott? – Wie man ein christliches Land an die Wand fährt
Das Bild der AfD in der Öffentlichkeit
Die EU ist nicht Europa
Corona – geschürte Angst und sonstige Machenschaften

In diesem packenden Buch gibt Armin Steinmeier einen kur-
zen Ausblick auf die biblische Schöpfungsgeschichte, um dann
den Bogen vom christlichen zum islamischen Glauben zu
spannen, unter Berücksichtigung eindeutiger Hinweise, wem
das Land Palästina gehört. Dabei nimmt auch das Thema
Toleranz eine wichtige Rolle ein, sowie der Ausblick auf die
Folgen einer Ablehnung des einzig wahren Gottes.

Nach dem Lesen dieses Buches werden Sie urteilen können, ob
der Islam wirklich eine friedliche Religion ist und einem
anderen Gott dient. Eine fundierte Auseinandersetzung mit
dem Islam.

13,80 Euro, 100 Seiten, Taschenbuch

Bestellungen an:

Armin Steinmeier
Telefon: 089 – 745 760 44
Telefax: 089 – 745 760 46
E-Mail: steinmeier.armin@arcor.de